ANALYSEN UND REFLEXIONEN

Band 14

Peter Beyersdorf

Bert Brecht

Die heilige Johanna der Schlachthöfe

Der Jasager — Der Neinsager

und andere Lehrstücke

Anmerkungen und Untersuchungen

R. Joachim Beyer Verlag — 8601 Hollfeld/Ofr.

JSBN 3-92 1202-18-3

Druck: Heinz Neubert, Bayreuth, Schloßberglein 4

Inhaltsverzeichnis

Der zeitgeschichtliche Hintergrund der Lehrstücke

Brechts Lehrstücke entstanden in einer Zeit des politischen, wirtschaftlichen und gesellschaftlichen Umbruchs in Deutschland. Die Weimarer Republik, von wenigen geliebt und von vielen bekämpft, bildet den zeitgeschichtlichen Hintergrund für diese Schaffensperiode Brechts. Einige wenige Daten zeigen, wie stark die verändernden Kräfte zum Schaden der Republik – von innen und außen! – wirkten. Zwischen dem 9. November 1918 und dem 30. Januar 1933, den beiden Eckdaten, vollzog sich der Niedergang der Weimarer Republik wie von einem Regisseur bestimmt. Der Friedensvertrag von Versailles, der den Ersten Weltkrieg auch formal beendet hatte, wurde mit seinen für Deutschland schmerzlichen Einschränkungen auf politischem, wirtschaftlichem und territorialem Gebiet zum Ausgangspunkt für die sogenannte nationale Bewegung. Versailles müsse revidiert werden – koste es, was es wolle; das war die ebenso gängige wie verhängnisvolle These der Feinde der Republik auf der rechten Seite des politischen Spektrums.

Adolf Hitler wurde letztenendes zur Integrationsfigur aller Sehnsüchte und enttäuschten Hoffnungen. Seine „historische" Leistung war es, als Rattenfänger auch dann noch zu wirken, als sich die Ansätze für eine wirkliche Besserung der Situation abzeichneten.

Nicht umsonst werden die Jahre zwischen 1924 und 1929 als die „Jahre der Erleichterung und Annäherung" bezeichnet. In diesen Jahren flossen beispielsweise private Gelder aus den Vereinigten Staaten nach Deutschland und trugen zur Begleichung der deutschen Reparationsschulden bei. Teilweise gingen diese Gelder auch als Rückzahlung der alliierten Kriegsschulden in die USA zurück.

Der Dawes-Plan (1924) schien die Lage Deutschlands durch allzu hohe Reparationsforderungen zwar zu dramatisieren – aber in Wirklichkeit zeigten sich konkrete Ansätze einer internationalen Zusammenarbeit zugunsten Deutschlands.

Der Vertrag von Locarno (1925), der Freundschafts- und Neutralitätsvertrag mit der Sowjetunion (1926) und nicht zuletzt die Aufnahme Deutschlands in den Völkerbund (ebenfalls 1926) sowie der Young-Plan mit der drastischen Reduzierung der deutschen Reparationsschulden zeigten,

daß die harten internationalen Kontrollen beseitigt werden sollten. Die Lage Deutschlands war Ende der Zwanziger Jahre keineswegs mehr so hoffnungslos, wie es die extremen Trommler der Rechten und der Linken der Bevölkerung einzuhämmern versuchten.
Der große Rückschlag kam indessen 1929. Im Oktober dieses verhängnisvollen Jahres brach an der New Yorker Börse in der Wall-Street die Weltwirtschaftskrise aus. Diese Krise kam freilich nicht von ungefähr. Sie hatte ihre Gründe in einer weitgehenden industriellen Überproduktion infolge einer ungehemmten Wirtschaftsausweitung. Gleichzeitig vorgenommene Rationalisierungen großen Stils brachten Unzählige in Existenznot. Mit einem Schlag waren scheinbar sichere Märkte nicht mehr aufnahmefähig, mußten Firmen ihre Tore schließen, fielen die Aktienkurse ins Bodenlose, wurden Millionen arbeitslos.
Deutschland war von dieser Entwicklung besonders hart betroffen, weil die Nachwirkungen der Wirtschaftsbeschränkungen und das durch Reparationen enorm erhöhte Kassendefizit des Reiches Rücklagen für die Krisensicherung unmöglich gemacht hatten. Ende 1930 gab es in Deutschland 4,4 Millionen Arbeitslose. Die Extremisten hatten jetzt den Nährboden, auf dem ihre Saat aufgehen mußte.
Bertolt Brecht verbrachte die dramatischsten Jahre der jüngsten deutschen Geschichte in Berlin – dort, wo der Puls der Zeit am kräftigsten schlug, wo die großen Entscheidungen fielen und wo das geistige und kulturelle Leben seine Blütezeit hatte. In seinem Gedicht „An die Nachgeborenen" schrieb Brecht:

„In die Städte kam ich zur Zeit der Unordnung
Als da Hunger herrschte.
Unter die Menschen kam ich zur Zeit des Aufruhrs
Und ich empörte mich mit ihnen ..."

Die Großstadt und Berlin insbesondere hatten auf Brecht seit seinen frühen Jugendjahren einen magischen Reiz ausgeübt. Ihn faszinierten die eindrucksvollen Bauwerke, der Verkehr, das Gewühl der Menschen, jene Mischung aus Menschlichkeit und Intoleranz, aus Kunst und Show, aus Tradition und Fortschritt, die gerade das Berlin der Zwanziger Jahre auszeichnete.

Brecht schrieb in seinen frühen Jahren mehrere Stücke und Gedichte, die sich mit dem Thema „Stadt“ und „Großstadt“ befaßten. Immer ist dabei Berlin gemeint, auch wenn die Stadt wie „Im Dickicht der Städte“ Chicago genannt wird. Auch Brechts „Mahagonny“ ist aus den Berliner Eindrücken entstanden und zu verstehen: Aufstieg und Untergang sah der junge Dichter vorgezeichnet.

Die wichtigsten Erfahrungen, die Brecht in seiner Berliner Zeit machte, waren zugleich auch bestimmend für sein künftiges künstlerisches Schaffen. In den Berliner Jahren wandelte sich Brecht vom expressionistisch geprägten Sozialromantiker zum marxistischen Stückeschreiber. Es gab seit seinem Tod im Jahr 1956 immer wieder Versuche, die Brecht sozusagen aufteilen wollten in den Künstler und in den Marxisten. Diese Versuche mußten und müssen scheitern, weil sich beides voneinander nicht trennen läßt. Im Gegenteil: Eben die Beschäftigung mit dem Marxismus, die systematische Auseinandersetzung mit der marxistischen Ideologie machte den Schreiber der „Lehrstücke“ und der späteren Dramen erst denkbar.

So müssen als die beiden Urerfahrungen Brechts in den Berliner Jahren einmal die Begegnung mit dem in der Reichshauptstadt in voller Blüte stehenden Theater und die Auseinandersetzung mit dem in diesen Jahren vor allem für viele Intellektuelle und Künstler so attraktiven Marxismus angesehen werden.

Bertolt Brecht wollte, wie er selbst zu Protokoll gab, aus der engen Bürgerlichkeit seiner Heimatstadt Augsburg ausbrechen. In Berlin fand er die Ventile, die zur Überwindung der Brechtschen Denkkrise am Beginn der Zwanziger Jahre notwendig waren. Er fand sie insbesondere im Berliner Theaterleben, wo Brecht zunächst als Dramaturg bei Max Reinhardt arbeitete – wie übrigens auch Carl Zuckmayer.

Max Reinhardt, Leopold Jessner und Erwin Piscator – dies waren die drei führenden Namen der Berliner Theaterszene in den sogenannten „Roaring Twenties“, den „Goldenen Zwanziger Jahren“, die die Beteiligten selbst allerdings fast ausschließlich auf kulturellem Gebiet als golden empfanden. Reinhardt, Jessner und Piscator verkörperten dabei drei grundsätzlich andersartige Denk- und Stilrichtungen. Max

Reinhardt war im Grunde der Mann des 19. Jahrhunderts. Seine Inszenierungen trugen den Stempel des Realismus und der Neuromantik. Gerhart Hauptmann war beispielsweise einer der Autoren, die sich bei Reinhardt besonders gut aufgehoben fühlen konnten.
Jessner wiederum galt im damaligen Berlin als der führende Mann des expressionistischen Theaters. Neue Formen der Darbietung, Versuche und Experimente waren bei Jessner durchaus an der Tagesordnung, auch wenn er für Bert Brecht und dessen den Expressionismus bereits überwindende Denkvorstellungen nicht der gesuchte Partner war.
Dies war zweifellos Erwin Piscator. Piscator war der „Exponent des radikal linksgerichteten politischen Theaters, der die Bühne vor allem als ein Instrument zur politischen Mobilisierung der Massen ansah.“ (Esslin, Brecht, S. 42) Vor allem interessierte den jungen Brecht die Einstellung Piscators, daß Theater nicht eigentlich mit Literatur zu tun habe, sondern daß Theater eine ganz eigene, einmalige Aufgabe – eine politische natürlich – haben müsse. Piscators Inszenierungen verkörpern eben diese Thesen. Piscators Programm erläutert sich aus seinen eigenen Worten am besten:

> „Gegossen in den Schmelztiegeln der Großindustrie, gehärtet und geschweißt in der Esse des Krieges, standen die Massen 1918/1919 drohend und fordernd vor den Toren des Staates, nicht mehr ein Haufe, eine wahllos zusammengewürfelte Rotte, sondern ein neues lebendiges Wesen mit einem neuen Eigenleben, das nicht mehr die Summe von Individuen war, sondern ein neues, gewaltiges Ich, angetrieben und bestimmt von den ungeschriebenen Gesetzen seiner Klasse. Will jemand angesichts dieser ungeheuren Umwälzung, von der niemand sich auszuschließen imstande ist, im Ernst behaupten, das Bild des Menschen, seiner Emotionen, seiner Verknüpfungen, sei ein ewiges, von der Zeit unberührtes, absolutes? Oder wird man endlich zugeben, daß die Klage Tassos ohne Echo gegen die Betontürme und Stahlwände unseres Jahrhunderts stößt und auch die Neurastenie Hamlets bei einer Generation von Handgranatenwerfern und Rekordsiegern auf kein

Mitleid rechnen kann?" (zit. nach Rühle, Theater und Revolution, S. 134)

Piscator zieht daraus den Schluß, daß nicht mehr der Mensch, das Individuum, sondern die Zeit selbst, das Schicksal der Massen, der „heroische Faktor" der neuen Dramatik sei. Nach Piscators Auffassung hat der Mensch auf der Bühne nunmehr eine gesellschaftliche Funktion. „Nicht sein Verhältnis zu sich, nicht sein Verhältnis zu Gott, sondern sein Verhältnis zur Gesellschaft steht im Mittelpunkt. Wo er auftritt, da tritt mit ihm zugleich seine Klasse oder seine Schicht auf." Dies ist die eine Säule der Theatertheorie Piscators.
Die andere betrifft das Grundsätzliche im Verständnis der Theaterarbeit. Piscator wandte sich nachdrücklich gegen die klassische Trennung von Epik und Dramatik. Er vertrat vielmehr die Auffassung, daß die seit Shakespeare geforderte Einheit von Ort, Zeit und Handlung eine theaterfremde Forderung sei. Bei Piscator ist dann noch vor Brecht die Rede vom „epischen Theater" — jenem Begriff, der das weitere Schaffen Brechts von nun an ständig begleitete. Das epische Theater, so Piscator, „entstand aus einer Absage an die O-Mensch-Dramatik, den Mitleidsschrei, die Bruderliebe der 'Gewaltlosen', denen bereits mit den Kolben der Ehrhardt-Brigaden die Schädel von den 'Brüdern' zertrümmert wurden. Gerade aus der Zertrümmerung der 'Phrase' sollte die Wahrheit gekeltert werden, das Dokument selbst sollte Beweiskraft erhalten, das Material sauber nebeneinander gestellt weden." (zit. nach Rühle, Theater und Revolution, S. 134)
Ein solches Konzept machte natürlich zugleich ein andersartiges Verfahren auf der Bühne notwendig. Argumentation durch und mit Dokumentation bleibt unglaubwürdig, wenn sie nur deklamiert würde. Deswegen tritt mit Piscator eine bis dahin nicht gekannte Technisierung auf die Bühne, die alle Möglichkeiten optischer und akustischer Tricks ausnutzte. Das Theater wurde so zur Schaubühne, auf der es nichts Geheimnisvolles mehr gibt, sondern auf der alles aufgeblättert, transparent für den Zuschauer gemacht wird. Das Theater als technische Werkstatt — mit dem entsprechenden ideologischen Hintergrund; dies war das Ziel, dem sich Piscator in seiner Berliner Zeit ver-

schrieben hatte und wo er von Brecht nahezu gläubig unterstützt wurde.
Schon vorher nämlich hatte Brecht versucht, das Theater weniger als Institution des geistig-kulinarischen Genießens, sondern als Platz der Argumentation und der Diskussion zu verstehen. In den Münchner Kammerspielen ließ Brecht 1922 bei der Uraufführung seines Stückes „Trommeln in der Nacht“ im Zuschauerraum Transparente und Plakate aufhängen, die gewissermaßen desillusionieren sollten: „Glotzt nicht so romantisch“ oder „Jeder Mann ist der beste in seiner Haut“ – beides Zitate aus dem Stück selbst – forderten den Zuschauer auf, sich beim Betrachten zu distanzieren; daß dies noch recht tastende und wenig überzeugende Versuche eines „nichtkulinarischen“ Theaters waren, hat Brecht selbst spätestens in Berlin bei Erwin Piscator begriffen.
Brecht wirkte bei einigen Inszenierungen Piscators mit, so bei „Rasputin“ nach Tolstoi, bei „Konjunktur“ von Leo Lania oder bei „Die Abenteuer des braven Soldaten Schwejk“ von Hasek. Dabei lernte Brecht das Instrumentarium kennen, das er später bis zur Perfektion weiterentwickelte. Es sind beispielsweise der Einsatz von Plakaten, Projektionen, Liedern oder Chören. Für Piscator – und das ist letztenendes der Unterschied zwischen den beiden engagierten Theaterleuten – sind diese Mittel zentrale Bestandteile der Aufführung. Die Technik steht vor der literarischen Aussage und vor dem künstlerischen Wert des Stückes. Brecht konnte sich dagegen niemals von der dichterischen Aussage und von der sprachlichen Kunst lösen. Seine Versuche, das epische Theater zu verwirklichen, mußten deswegen anders verlaufen als die Piscators.
In den Zwanziger Jahren war Brecht allerdings noch nicht so weit. Da ging es ihm eine Zeit lang nur um die Agitation, um Kampf gegen Bourgeoisie, um klassenbewußtes, kommunistisches Verhalten. Brecht wollte das marxistische Theater, aber er blieb zu sehr Dichter, als daß er es jemals überzeugend hätte verwirklichen können.
Hier liegt eine der großen Schwierigkeiten des Stückeschreibers Brecht. Er, der sich zu Recht gegen die Trennung zwischen schriftstellerischem oder dichterischem Schaffen und politischem Glauben verwahrte, schuf nie ein über-

zeugendes kommunistisches oder marxistisches Theaterwerk. Entweder blieben die entsprechenden Stücke blaß und farblos, oder der Marxismus war bereits so weit stilisiert und in den Dienst der Kunst gestellt – wie etwa in den großen Stücken der späten Schaffensperiode –, daß ihn der einfache Theaterbesucher gar nicht mehr als solchen erkannte. Beides wollte Bert Brecht nicht, und unter dieser Diskrepanz in seiner dichterischen Aussage hat er, wie aus manchen Äußerungen in seinen theoretischen Schriften hervorgeht, im weiteren Verlauf seines Lebens geradezu gelitten. Für den Marxisten Brecht mußte es irritierend sein, daß auch Angehörige der kapitalistischen Klasse ihm applaudierten. Seine Versuche, sich dem zu entziehen, blieben auoh unglaubwürdig
Beschäftigung und geistige Auseinandersetzung mit dem Kommunismus ist der zweite entscheidende Erlebnisbereich Brechts im Berlin der Zwanziger Jahre. In seinem Stück „Die Maßnahme" schrieb Brecht:

„Welche Niedrigkeit begingest du nicht, um
Die Niedrigkeit auszutilgen?
Könntest du die Welt endlich verändern, wofür
Wärest du dir zu gut?
Wer bist du?
Versinke in Schmutz
Umarme den Schlächter, aber
Ändere die Welt: sie braucht es!"

Dies ist, für das Stück geschrieben, zugleich auch Brechts Selbstverständnis Ende der Zwanziger Jahre. Er sah um sich den Niedergang der Weimarer Republik heraufdämmern, er sah den unaufhaltsamen Aufstieg der Nationalsozialisten und er sah die Gefahr des Bürgerkrieges zwischen rechts und links. Das Bürgerliche verachtete er, das Nationalsozialistische bekämpfte er mit den Waffen des Intellektuellen; seine geistige Heimat war der Kommunismus. Deswegen wartete Brecht, daß die Welt verändert würde, und er glaubte, daß es ihm gegeben sei, mit seinen Mitteln – den Mitteln des Dichters und des Theater – bei der Veränderung der Welt mitzuwirken.
Brecht stand von früher Jugend an in Opposition zur Welt des Bürgertums und ihrer Gesellschaftsordnung. Aber sein

Denken blieb lange Zeit unsystematisch. Brecht blieb, wie Esslin bemerkt, seiner Haltung nach eher ein Anarchist, ein Bilderstürmer oder ein radikaler Pazifist. Das wird beispielsweise deutlich in seinen frühen Gedichten „Legende vom toten Soldaten“ oder „Gedicht vom unbekannten Soldaten unter dem Triumphbogen“.

Die systematische Beschäftigung mit dem Marxismus begann für Brecht erst in Berlin. Es ist keine Frage, daß seine geistige Grundhaltung und seine geistige Herkunft eine starke Affinität zum Marxismus erklären können. Mitte der Zwanziger Jahre arbeitete sich Brecht durch das „Kapital“ und versuchte, die Marx'sche Theorie für seine Zwecke zu interpretieren.

Als eine der wichtigsten Figuren in diesem Lebensabschnitt Brechts gilt Karl Korsch, ein hervorragender Kenner der marxistischen Ideologie. Brecht lernte von Korsch nicht nur das marxistische Gedankengut kennen, sondern auch die Kunst der Dialektik zu handhaben. Er tat dies in einer Zeit, die er selbst so beschrieb:

> „Ich gestehe es: ich
> Habe keine Hoffnung.
> Die Blinden reden von einem Ausweg. Ich
> Sehe.
> Wenn die Irrtümer verbraucht sind
> Sitzt als letzter Gesellschafter
> Uns das Nichts gegenüber.“

Aus einer späteren Notiz Brechts wird deutlich, warum er sich zum Marxismus wandte:

> „Für ein bestimmtes Theaterstück brauche ich als Hintergrund die Weizenbörse Chicagos. Ich dachte, durch einige Umfragen bei Spezialisten und Praktikern mir rasch die nötigen Kenntnisse verschaffen zu können. Die Sache kam anders. Niemand, weder einige bekannte Wirtschaftsschriftsteller noch Geschäftsleute – einem Makler, der an der Chicagoer Börse sein Leben lang gearbeitet hatte, reiste ich von Berlin bis nach Wien nach –, niemand konnte mir die Vorgänge an der Weizenbörse hinreichend erklären. Ich gewann den Eindruck, daß diese Vorgänge schlechthin unerklärlich,

das heißt von der Vernunft nicht erfaßbar, und das heißt wieder einfach unvernünftig waren. Die Art, wie das Getreide der Welt verteilt wurde, war schlechthin unbegreiflich. Von jedem Standpunkt aus, außer demjenigen einer Handvoll Spekulanten, war dieser Getreidemarkt ein einziger Sumpf. Das geplante Drama wurde nicht geschrieben, statt dessen begann ich Marx zu lesen, und da, jetzt erst, las ich Marx. Jetzt erst wurden meine eigenen zerstreuten praktischen Erfahrungen und Eindrücke richtig lebendig." (zit. nach Fradkin, Bertolt Brecht, S. 56 f.)

Es wäre sicher verkehrt, wollte man aus diesem Zitat den Schluß ziehen, daß Brecht sozusagen nur aus Zufall Marxist geworden wäre – eben nur deswegen, weil ihm bei den Recherchen für ein neues Stück niemand fachgerecht Auskunft geben konnte.
Brechts geistiger Horizont war in der Tat offen für die marxistische Lehre. Das gilt allerdings nicht, wie seine kommunistischen Interpreten heute gern hervorheben, für Brechts Fähigkeit, mitzuleiden, Schmerz und Bitterkeit – wie in der „Hauspostille" – zu empfinden oder zornig gegen Ungerechtigkeit zu reagieren. Dies allein macht noch nicht für den Marxismus empfänglich. Dazu gehörte ohne Zweifel auch die aktuelle historische Situation im Deutschland der Zwanziger Jahre. Die Auseinandersetzungen zwischen links und rechts hatten bisweilen Formen angenommen, in der die physische Gewalt sich meistens gegen die Arbeiter richtete. An der Konfrontation in der Weimarer Republik waren gewiß die Extremen auf beiden Seiten gleichermaßen schuld. Daß freilich die Gewalt in Form des physischen Terrors vor allem von der nationalsozialistischen Rechten praktiziert wurde, gehörte zu Brechts intensiven politischen Erfahrungen dieser Zeit. Daraus zog er dann die praktische Konsequenz, indem er seine geistige Heimat im Marxismus suchte – ohne sie jemals ganz dort zu finden.
Brecht lernte in den Jahren zwischen 1926 und 1932 in Berlin nicht nur Karl Korsch kennen, sondern auch Fritz Sternberg, Walter Benjamin und Hermann Duncker. Alle sind hervorragende Kenner des Marxismus gewesen, und die häufigen Begegnungen mit ihnen haben Brechts Leben

– das Leben eines damals noch nicht einmal oder gerade Dreißigjährigen! – entscheidend beeinflußt.
Brechts Schaffen greift das neue Gedankengut schnell auf. Seine Stücke, aber auch seine Gedichte, tragen eine neue Handschrift. So etwa „Das Lied vom Wasserrad", das Brechts prinzipielle Einstellung Ende der Zwanziger Jahre besonders deutlich ausdrückt:

„Von den Großen dieser Erde
Melden uns die Heldenlieder:
Steigend auf so wie Gestirne
Gehn sie wie Gestirne nieder.
Das klingt tröstlich, und man muß es wissen.
Nur: für uns, die wir sie nähren müssen
Ist das leider immer ziemlich gleich gewesen.
Aufstieg oder Fall: wer trägt die Spesen?

Freilich dreht das Rad sich immer weiter
Daß, was oben ist, nicht oben bleibt.
Aber für das Wasser unten heißt das leider
Nur: daß es das Rad halt ewig treibt.

Ach, wir hatten viele Herren
Hatten Tiger und Hyänen
Hatten Adler, hatten Schweine
Doch wir nährten den und jenen.
Ob sie besser waren oder schlimmer:
Ach, der Stiefel glich dem Stiefel immer
Und uns trat er. Ihr versteht, ich meine
Daß wir keine andern Herren brauchen, sondern keine!

Freilich dreht das Rad sich immer weiter
Daß, was oben ist, nicht oben bleibt.
Aber für das Wasser unten heißt das leider
Nur: daß es das Rad halt ewig treibt.

Und sie schlagen sich die Köpfe
Blutig, raufend um die Beute.
Nennen andre gierige Tröpfe
Und sich selber gute Leute.
Unaufhörlich sehn wir sie einander grollen
Und bekämpfen. Einzig und alleinig

Wenn wir sie nicht mehr ernähren wollen
Sind sie sich auf einmal völlig einig.

Denn dann dreht das Rad sich nicht mehr weiter
Und das heitre Spiel, es unterbleibt
Wenn das Wasser endlich mit befreiter
Stärke seine eigne Sach' betreibt."

Bis zum heutigen Tag kann man über verschiedene Details in der Brechtschen Hinwendung zum Marxismus nur rätseln. Es sind einige Faktoren dafür erkennbar, so die Begegnung mit Männern wie Piscator, Korsch, Benjamin und anderen. Es gehört dazu die Erfahrung des neuen Theaterstils, den er in Berlin kennengelernt, und es gehört letztendlich dazu auch die prinzipielle politische Erfahrung der Weimarer Republik eben in dem von gesellschaftlichen und politischen Auseinandersetzungen geschüttelten Berlin.
Was bei Brecht nur schwer nachzuweisen sein dürfte, ist eine wirkliche geistige Bereitschaft zum Studium der marxistischen Lehre. Brecht war kein systematischer Denker – allenfalls im Theater ein systematischer Arbeiter. Brechts Marxismus ist nicht wissenschaftlich begründet und fundiert. Das vor allem unterscheidet ihn grundsätzlich von manchen Intellektuellen der Weimarer Zeit, wie eben Benjamin oder auch Sternberg.
Immerhin erschien im Jahr 1926 die Gedichtsammlung „Hauspostille" – eine Sammlung, die Seite für Seite mehr den Sozialromantiker, den jugendlichen Illusionisten als den wissenschaftlichen Sozialisten oder Marxisten verrät. So scheint beispielsweise das Gedicht „Von der Freundlichkeit der Welt" keineswegs von einem Marxisten verfaßt zu sein:

1
„Auf die Erde voller kaltem Wind
Kamt ihr alle als ein nacktes Kind
Frierend lagt ihr ohne alle Hab
Als ein Weib euch eine Windel gab.

2
Keiner schrie euch, ihr wart nicht begehrt
Und man holte euch nicht im Gefährt.

Hier auf Erden wart ihr unbekannt
Als ein Mann euch einst nahm an der Hand.

3
Und die Welt, die ist euch gar nichts schuld:
Keiner hält euch, wenn ihr gehen wollt.
Vielen, Kinder, wart ihr vielleicht gleich.
Viele aber weinten über euch.

4
Von der Erde voller kaltem Wind
Geht ihr all bedeckt mit Schorf und Grind.
Fast ein jeder hat die Welt geliebt
Wenn man ihm zwei Hände Erde gibt."

Dies ist alles andere als Marxismus. Dieses Gedicht, im Kapitel „Exerzitien" der „Hauspostille" untergebracht, ist eine tiefe Schilderung des Gegenstandes, den er beschreibt: nämlich die kalte, harte Welt. In diesem Gedicht fehlt nicht nur die marxistische Terminologie, sondern es fehlt vor allem das marxistische Verständnis der Gesellschaft – mit Ausnahme vielleicht der Auffassung, daß die Welt veränderbar sei und verändert werden müsse. Was sich hier ausdrückt, ist eher ein weniger reflektierter als unbewußt empfundener Humanismus. Er zeigt sich in dem Satz „Fast ein jeder hat die Welt geliebt". Trotz aller Enttäuschung und Resignation über das, was dem Menschen auf dieser Welt vom Anfang bis zum Ende begegnet, hat er am Ende diese Welt doch geliebt. Ein überzeugter und geschulter Marxist würde anders argumentiert haben. Denn was hier deutlich wird und was sich in Brechts Veröffentlichungen in der Mitte der Zwanziger Jahre immer wieder erkennen läßt, ist in erster Linie Mitleid mit der geschundenen Kreatur, ist Mitfühlen, ja Mitempfinden. Die „Hauspostille", so kess im Ton, so frivol in verschiedenen Themen und so aufrührerisch in manchem Detail, ist letztenendes ein Dokument des Glaubens an den Menschen und an die Welt, in der er lebt.

Was damit nachgewiesen werden soll, ist in erster Linie die These, daß Brecht nicht von Anfang an sozusagen prädestiniert war für die Wendung hin zum Marxismus. Wäre Brecht nicht nach Berlin gekommen, hätte sein Leben durchaus einen anderen Verlauf nehmen können. Aber die

Frage „was wäre wenn“ ist angesichts der Biographie eines Menschen ebenso unzulässig wie gegenüber der Geschichte. Brecht kam nach Berlin, sog die Eindrücke der damaligen Weltstadt tief in sich hinein und verarbeitete menschliche Begegnungen, politische Erfahrungen und künstlerische Impulse in just der Weise, daß er sich mit dem „Kapital“ zu beschäftigen begann. Daß die Arbeit an einem Stück diese Beschäftigung eigentlich erst auslöste, gehört allerdings auch zum Hintergrund der Brechtschen intellektuellen Entwicklung.
Brechts Berliner Zeit gehörte zu den reichsten in seinem Leben. Dort pflegte er den Kontakt etwa mit Benn oder George Grosz; im Romanischen Café fand er Gleichgesinnte, mit denen er politisch oder über das Theater fachsimpeln konnte. In Berlin schuf Bertolt Brecht die „Dreigroschenoper“, jenes Werk seiner Übergangszeit, das ihm vielleicht den größten Ruhm, zumindest aber die größte Bekanntheit einbrachte. Auch die „Dreigroschenoper“ ist ein treffliches Beispiel dafür, daß Brecht in dieser Zeit keineswegs konsequent marxistisch, sondern allenfalls sozialkritisch dachte und arbeitete. Brechts „Dreigroschenoper“ wurde von den Zeitgenossen eher als eine geglückte Parodie auf die „Roaring Twenties“ und die gesellschaftliche Szenerie der Weimarer Zeit – speziell in Berlin – gewertet, denn als ein revolutionäres oder marxistisches Stück. Die frechen Songs, die zündenden Ideen, das Verpacken sozialkritischer Ideen in die Form des Musicals brachten einen sensationellen Erfolg für Brecht. Es war sein erstes Stück, mit dem er über die Grenzen Deutschlands hinweg bekannt und populär wurde.
In Brechts Berliner Zeit fällt auch die Oper „Aufstieg und Fall der Stadt Mahagonny“. Hier werden nun bereits die Früchte der Beschäftigung mit dem Marxismus deutlicher. In die Form einer Parabel gekleidet schildert Brecht eine Stadt, in der man für Geld alles haben kann. Derjenige aber, der kein Geld hat, wird – konsequent – hingerichtet. Es heißt in „Mahagonny“:

> „Darum wirst du zum Tode verurteilt, Paule Ackermann.
> Wegen Mangel an Geld
> Was das größte Verbrechen ist
> Das auf dem Erdenrund vorkommt.“

Wichtiger noch ist aber, daß Brecht in den Anmerkungen zu „Mahagonny“ zum ersten Mal seine Theorie des epischen Theaters zu Papier bringt. Es ist jene Form der Gestaltung auf der Bühne, an der Brecht seit Jahren arbeitete, die er im Zusammenwirken mit Piscator weiterentwickelte und die er später als die einzige Form der theatralischen Darbietung betrachtete. „Sie stellte sich, vereinfacht ausgedrückt, als die Theorie eines Parabeltheaters dar, in dem mit Hilfe des dramatischen Bildes etwas gezeigt wird. Die Handlung, die nicht mehr den Spannungsverlauf des klassischen Dramas aufweist mit Zuspitzung eines Konflikts, Auslösung der Katastrophe usw., sondern in epischer Weise Situationen aneinanderreiht, gibt Gelegenheit zu 'Einlagen', d. h. Nummern, Adressen an das Publikum, Songs, welche die Handlung kommentieren. Mit der Aufstellung eines solchen parabolischen Theaters mußt natürlich eine Polemik gegen das Illusionstheater und dessen äußerste Steigerung, das naturalistische Theater, parallel laufen. Brecht, der sein Parabeltheater zu einem Weltanschauungstheater ausbauen wollte und an die gesellschaftliche Umfunktionierung des Theaters in eine pädagogische Disziplin dachte, charakterisierte die bestehende Bühne als spätbürgerliches Rauschmittel und reine Ware . . . “ (Marianne Kesting, Bertolt Brecht, S. 54 f.)
Von nun an laufen der Stückeschreiber und der Dramatiker Bertolt Brecht nebeneinander her, ohne daß sich beider Ziele und Ideen immer auch zur Deckung bringen ließen. Brecht war zu sehr Lyriker und Stückeschreiber, als daß seine Dramen je den theoretischen Anspruch voll erfüllt hätten, den Brecht formulierte. Gegen Ende der Zwanziger Jahre aber, nach „Mahagonny“ und der „Dreigroschenoper“, beschrieb Brecht seine theatralischen Ideen weit radikaler als je zuvor. Nun meinte er, Theater könne nur episches Theater sein, und dies wiederum bedeute logischerweise marxistisches Theater.
Von nun an versteht Brecht das Drama als paradigmatisches Drama. Das praktische Ergebnis dieses Denkprozesses sind die sogenannten „Lehrstücke“. Bewußt verläßt Brecht jetzt den Weg des traditionellen Theaters, den er trotz aller Dementis und trotz aller anderslautender Vorstellungen bis hin zur „Dreigroschenoper“ gegangen war – und später auch wieder ging.

Es ist dies zugleich der Abschluß jener Berliner Epoche, in der Brecht offen war für alles Neue – Ideen, Eindrücke, Erfahrungen und Menschen. Jetzt begann der Zeitabschnitt in Brechts Schaffenszeit, der von vielen Experten als der magerste, der geistig eingeengteste und der intellektuell anspruchsloseste betrachtet wird. Es ist die Zeit der Lehrstücke, in der Brecht die eben aufgenommenen marxistischen Ideen und Gedanken auf die Bühne bringen wollte, in dem Irrglauben, daß die „Massen" für solcherart Theater Interesse hätten.

Anmerkungen zu den Lehrstücken

Der Vorwurf, daß Brechts Lehrstücke eine künstlerisch unbefriedigende Epoche im Blick auf das Gesamtwerk darstelle, stimmt indessen nur teilweise. Er ist insoweit begründet, als die Lehrstücke für sich betrachtet in der Tat wenig zu Brechts weltweitem Ansehen beigetragen haben dürften. Wenn man sie aber als eine Etappe auf dem Weg zu seinen späteren großen Dramen, wie „Mutter Courage und ihre Kinder", „Der gute Mensch von Sezuan", „Leben des Galilei" oder „Herr Puntila und sein Knecht Matti", betrachtet, dann haben sie durchaus ihren Stellenwert. Es zeigt sich nämlich, daß Brecht über den Umweg der Lehrstücke jene Form der theatralischen Präsentation innerhalb des epischen Theaters gefunden hat, die formal unendlich weit weg ist von den Stücken der frühen Zeit — wie „Baal", „Trommeln in der Nacht" oder „Im Dickicht der Städte" — aber dennoch eine ureigene Form darstellen. Die Lehrstücke sind von der Idee des epischen Theaters nicht zu trennen. Brecht schrieb: „Worum es dem epischen Theater zu tun ist, läßt sich vom Begriff der Bühne her leichter definieren als vom Begriff eines neuen Dramas her. Das epische Theater trägt einem Umstand Rechnung, den man bisher wenig beachtet hat. Es kann als die Verschüttung der Orchestra bezeichnet werden. Der Abgrund, der die Spieler vom Publikum wie die Toten von den Lebendigen scheidet, der Abgrund, dessen Schweigen im Schauspiel die Erhabenheit, dessen Klingen in der Oper den Rausch steigert, dieser Abgrund, der unter allen Elementen der Bühne die Spuren ihres sakralen Ursprungs am unverwischbarsten trägt, hat an Bedeutung immer mehr eingebüßt. Noch liegt die Bühne erhöht. Aber sie steigt nicht mehr aus einer unermeßlichen Tiefe auf: sie ist Podium geworden. Lehrstück und episches Theater sind Versuch, sich auf diesem Podium einzurichten."

Worum geht es Brecht also? Er sieht das Theater nicht als einen Ort der Entspannung, der Lustbarkeit und des Sich-Erholens gar, sondern er betrachtet das Theater als Lehrstätte, als pädagogische Anstalt. Das Theater soll lehren und vor allem die Unwissenden belehren; dies ist nach Auffassung Brechts seine eigentliche Aufgabe — alles

andere wäre verschwendete Zeit oder herausgeworfenes Geld.
Es gibt eine Stelle im „Kleinen Organon für das Theater", an der Brecht seine Auffassung vom Lehrtheater definierte: „Lehr- und Publikationsstätte" solle das Theater nach der Forderung Brechts sein. Und an diesem Maßstab orientierte sich der Stückeschreiber Brecht in seiner zweiten Schaffensperiode, die eben die Lehrstücke umfaßt und die seine Orientierung zum Marxismus deutlicher als alle späteren Stücke ausdrückt. Es ist dies die Zeit der schärfsten Opposition Brechts gegen das sogenannte „kulinarische" Theater. „Somit erwuchs also die Vorstellung vom epischen Theater, wie Brecht sie Ende der Zwanziger Jahre nach und nach entwickelte, aus dem Suchen nach Mitteln zur Gestaltung der neuen historischen Wirklichkeit mit ihren neuen Themen und den neuen Größenordnungen der Ereignisse, mit ihren neuen Konflikten, neuen Helden und neuen Wirkungsbereichen." (Fradkin, Bertolt Brecht, S. 71)
Diese künstlerische Wendung Brechts vollzog sich zu einer Zeit, da die politische und gesellschaftliche Umwälzung in Deutschland offenkundig wurde. Bertolt Brecht war in den Berliner Jahren zu einem auch politisch engagierten Stückeschreiber geworden. Mit den Mitteln der marxistischen Lehre versuchten er und seine Freunde nun, der Krise der Gesellschaft auf ihre Weise zu begegnen. Brecht war sich aufgrund aller Erfahrung zwar im klaren darüber, daß Künstler und Schriftsteller noch selten den Lauf der Geschichte prinzipiell beeinflußt haben. Aber die Überzeugung, daß die Gesellschaft und die Welt veränderbar seien, die Anlehnung an die marxistischen Glaubenssätze zur Überwindung gesellschaftlicher Krisen, ebneten Brecht den Weg zu den Lehrstücken.
Zusammen mit Eisler, Busch und Helene Weigel ging Brecht unter und in das Volk. In Schulen, Arbeitnehmerorganisationen, aber auch in Parteigliederungen versuchten sie zu diskutieren und zu argumentieren. Brecht besuchte Restaurants und Kneipen, um dort Songs vorzutragen — Songs selbstverständlich, die von der Notwendigkeit der Veränderung und der Umwälzung im kommunistischen Sinne sprachen.

„Wer bist du?
Versinke im Schmutz

Umarme den Schlächter, aber
Ändre die Welt: sie braucht es!"

So schreibt Brecht in der „Maßnahme", dem bekanntesten und zugleich umstrittensten seiner Lehrstücke. Die Veränderung der Welt aber ist nach Brechts Auffassung nur durch und mit der kommunistischen Partei möglich. Dies ist das immer wiederkehrende Thema seiner Lehrstücke. Es ist das Thema des großen Einverständnisses mit den Zielen der Partei. Es bedeutet die Unterordnung der Persönlichkeit unter das Kollektiv, die Partei, die immer recht hat.

Brecht selbst erklärte zur Aufführung von Lehrstücken: „Wenn ihr ein Lehrstück aufführt, müßt ihr wie Schüler spielen. Durch ein betont deutliches Sprechen versucht der Schüler, immer wieder die schwierige Stelle durchgehend, ihren Sinn zu ermitteln oder für das Gedächtnis festzuhalten. Auch seine Gesten sind deutlich und dienen der Verdeutlichung. Andere Stellen wiederum müssen schnell und beiläufig gebracht werden wie gewisse rituelle, oft geübte Handlungen. Das sind die Stellen, die jenen Passagen einer Rede entsprechen, durch die gewisse Informationen gegeben werden, die für das Verständnis des folgenden Hauptsächlichen nötig sind. Diese Stellen, die ganz dem Gesamtprozeß dienen, sind als Verrichtungen zu bringen. Dann gibt es Teile, die Schauspielerkunst benötigen ähnlich der alten Art. So wenn typisches Verhalten gezeigt werden soll." (Brecht, Schriften zum Theater 2, S. 128)

Aus dieser Anweisung Brechts für die Schauspieler wird einmal deutlich, daß die Lehrstücke keineswegs eine Art „Betriebsunfall" im gesamten Schaffen, eine Art geistiger Verwirrung, darstellen. Die theoretische Auseinandersetzung Brechts mit der Interpretation eines Lehrstücks zeigt, daß dies ein ganz entscheidender Abschnitt in seiner Werksgeschichte ist, den Brecht selbst absolut ernst nahm. Es ist nämlich die zeitliche Zäsur, an der Brecht begann, ein politischer Dichter zu werden. Alles, was vorher war, muß als mehr oder minder unreflektiert betrachtet werden — zumindest eben, was den politischen Hintergrund betrifft. Nun zeigt sich Brecht und schreibt als bewußt politisch denkender und marxistisch geschulter Intellektueller. Alle Versuche, Brechts Lehrstücke sozusagen ungeschehen zu machen, wie es in der Bundesrepublik eine zeitlang prakti

ziert wurde, müssen scheitern, weil sie die auch für den späten Brecht notwendigen geistigen Grundlegungen ausklammern würden. Der Versuch wäre im übrigen ähnlich unsinnig, als wenn man Goethes Sturm- und Drangzeit unterschlagen wollte, die für die weitere dichterische Entwicklung bekanntlich unverzichtbar war.
Zugleich aber wird an Brechts Spielanweisung sichtbar, wie er dem Sinn der Lehrstücke grundsätzlich sah. Daß die Stücke wie von Schülern gespielt werden sollten, erhellt auch, daß der Adressat nicht das sogenannte gehobene Publikum sein sollte. Hier sollten vielmehr diejenigen angesprochen werden, die nach Brechts Meinung der Unterweisung, hier der politischen Unterweisung, bedurften.
Brechts Theater ist von diesem Zeitabschnitt an bis zum Schluß seines Schaffens eigentlich immer Lehrtheater geblieben. Immer ist der erhobene Zeigefinger, die Moral von der Geschicht', spürbar. Freilich wird das penetrant Lehrhafte der Lehrstücke später wieder abgebaut, kommt die dichterische Substanz – nicht zuletzt in der Sprache – wieder zum Vorschein. Erste Ansätze zur Überwindung der thematischen und sprachlichen Krise Brechts zeigt schon sehr deutlich „Die heilige Johanna der Schlachthöfe", die deswegen auch fälschlicherweise des öfteren nicht mehr zu den eigentlichen Lehrstücken gezählt wird. Das paradigmatisch Lehrhafte der „Johanna" rechtfertigt aber, daß sie – sozusagen als Gipfelpunkt dieses Genres – im Zusammenhang mit den Lehrstücken abgehandelt wird.
Wie eng Brecht Sinn und Zweck seiner Stücke jetzt, am Ende der Zwanziger Jahre, selbst einschätzte, belegt dieser Hinweis aus dem theoretischen Schriften über das Theater:
„Die Lust am Betrachten allein ist für den Staat schädlich; ebenso aber die Lust an der Tat allein. Indem die jungen Leute im Spielen Taten vollbringen, die ihrer eigenen Betrachtung unterworfen sind, werden sie für den Staat erzogen. Diese Spiele müssen so erfunden und so ausgeführt werden,, daß der Staat einen Nutzen hat. Über den Wert eines Satzes oder einer Geste oder einer Handlung entscheidet also nicht die Schönheit, sondern: ob der Staat Nutzen davon hat, wenn die Spielenden den Satz sprechen, die Geste ausführen und sich in die Handlung begeben."
(Brecht, Schriften zum Theater 2, S. 129)

Diese Auffassung vom Theater und von der Darbietung auf dem Theater liegt in der Konsequenz des damaligen Selbstverständnisses Brechts, der alle Kunst, alle Darbietung auf der Bühne, alles Agieren und alle Selbstäußerung in den Dienst des – gewollten kommunistischen – Staates und dessen Interessen gestellt sehen wollte. Das blieb keineswegs immer so. Nach dem Aufstand des 17. Juni 1953 schrieb Brecht ein Gedicht, das später in seinem Nachlaß gefunden wurde und das zeigt, wie wenig noch von Staats- und Parteigläubigkeit über die Jahre geblieben war:

„Die Lösung

Nach dem Aufstand des 17. Juni
Ließ der Sekretär des Schriftstellerverbandes
In der Stalinallee Flugblätter verteilen
Auf denen zu lesen war, daß das Volk
Das Vertrauen der Regierung verscherzt habe
Und es nur durch verdoppelte Arbeit
Zurückerobern könne. Wäre es da
Nicht einfacher, die Regierung
Löste das Volk auf und
Wählte ein anderes?“

Eine solche Lösung wäre dem gerade dreißigjährigen Brecht im Berlin der Weimarer Republik allerdings nicht in den Sinn gekommen. Damals war er gerade ein linientreuer Kommunist geworden. Seine Dichtung sah zu dieser Zeit anders aus:

„Das Unrecht geht heute einher mit sicherem Schritt.
Die Unterdrücker richten sich ein auf zehntausend Jahre.
Die Gewalt versichert: So, wie es ist, bleibt es.
Keine Stimme ertönt außer der Stimme der Herrschenden
Und auf den Märkten sagt die Ausbeutung laut: Jetzt beginne ich erst.
Aber von den Unterdrückten sagen viele jetzt:
Was wir wollen, geht niemals.“

Dies ist eine andere Sprache als die des späten Brecht. Auch wenn das Gedicht alle Artistik der dialektischen Schulung verrät, so bleibt es ein Lehrgedicht. Das ausdrücklich Lehrhafte hat indessen der Kunst selten gut getan. Lehren sollten sich – quasi unausgesprochen – aus dem künstlerischen Resultat von selbst ergeben. Daß Brechts Lehrstücke auf den Spielplänen der Theater nie eine Rolle gespielt haben, einfach weil keine Nachfrage des Publikums bestand, beweist eigentlich nur, daß sich das Theater und sein Publikum zu Recht nicht ausschließlich belehren, indoktrinieren und politisch schulen lassen wollten.

Theater im Dienste der Pädagogik ist indessen keine Erfindung Brechts. Ernst Schumacher verweist in seiner grundsätzlichen Arbeit über das dramatische Schaffen Brechts darauf, daß bereits die Zwickauer Schulordnung von 1523 bestimmte, daß „mittwochs nach geschehener Repetition und sonntags nach der Kirche eine Komödie aus dem Terentius zur Stärkung des Gedächtnisses und zur Übung in der Aussprache und in der Geschicklichkeit des Leibes" gespielt werden solle. (Schumacher, S. 290)

Daneben gibt es in der abendländischen Theatergeschichte eine Reihe weiterer Beispiele für solches lehrhaftes Theater. Als wichtigste Arten seien die Passions- und Legendenspiele sowie die Propheten- und die Weltgerichtsspiele des geistlichen Dramas des Mittelalters ebenso genannt wie das humanistische Schuldrama. Vor allem hier wurde das Theater gewollt und sehr bewußt in den Dienst der Pädagogik gestellt. Die Schüler selbst spielten diese Stücke – so wie auch Brecht spezielle Schulopern schrieb zur pädagogischen Beschäftigung mit entsprechendem lehrhaften Inhalt für die Schüler.

Dabei muß freilich unterschieden werden zwischen dem unprätentiösen Laienspiel, das sich Stoffe beliebiger Herkunft und gar nicht unbedingt politischen Inhalts wählt, und auf der anderen Seite Theater, das für die politische Unterweisung und den politischen Gebrauch des einzelnen zugeschnitten ist. Vom Kunstproduzenten her, dem Stückeschreiber also, muß wiederum unterschieden werden, was er mit dem für den Gebrauch des Schülers bestimmten Stoff vorhatte: ob er ihn zur schauspielerischen Betätigung an sich geschrieben hat oder aber zur politischen Belehrung, wobei dann das Schauspielerische und die Darbietung nurmehr Funktionen der politischen Pädagogik sein können.

Brecht war in den Zwanziger Jahren an eine Station seines künstlerischen Schaffens gekommen, an der ihm tiefe Abscheu gegen das kulinarische Erlebnis im Theater und in der Theaterproduktion schlechthin erfüllte. Seine Konsequenz war, daß er die Kunst, speziell das Theater, in eine pädagogische Disziplin umzuwandeln versuchte.

Das Unterfangen ist zeitbedingt zu erklären, wenngleich das Scheitern dieses Versuches zu erwarten war. Als Brecht versuchte, aus seinen Stücken das „Kulinarische" zu entfernen, also auf das Sinnliche und das Element des Wirkens und des Erlebens zu verzichten, da hörten seine Stücke auf, Dramen zu sein. Der Versuch mußte scheitern. Dazu Schumacher: „Dies schloß nicht aus, daß das Ergebnis, eben das Lehrstück, im Dienste der unmittelbaren Pädagogik seinen Zweck erfüllte, noch dazu es mit der Musik verbunden war. Dieses Lehrstück war aber nicht die Verkörperung der dramatischen Kunst schlechthin, als das es Brecht in diesen Jahren zeitweilig erschien, sondern ein Mittel der Pädagogik, bestimmte Ideen auf schulmäßige, lehrhafte Weise in einer künstlerischen Form zu vermitteln, die den beschränkten Mitteln der Schule entsprach." (Schumacher, S. 295)

Die Lehrstücke und die Entwicklung Brechts hin zum epischen Theater gingen Hand in Hand. In der Tat wären Lehrstücke mit den konventionellen Mitteln des Theaters nicht zu spielen – auch nicht zu schreiben übrigens wie sich an Stil, Sprache und Gestaltung der Brechtschen Lehrstücke am besten erkennen läßt.

Brecht kam zu der Überzeugung, daß das Theater seiner und natürlich auch der vorausgegangenen Zeit einzig und allein der Unterhaltung – dem „Kulinarischen" eben – gedient habe. Dies wiederum betrachtete Brecht als eine typische Erscheinung der bestehenden gesellschaftlichen Verhältnisse. Solange die herrschende bürgerlich-kapitalistische Klasse das Sagen hatte, solange war laut Brecht auch keine Veränderung in den Ansprüchen gegenüber dem Theater zu erwarten. Da der Ansatz der Lehrstücke aber nicht längerfristig angelegt war, sondern auf die direkte Beeinflussung und Einflußnahme abzielte, waren wiederum Zielgruppen notwendig, die **neben** der bourgeoisen Klasse ansprechbar waren. Dies waren in erster Linie die Schulen und Jugendorganisationen sowie das Proletariat.

Brecht war sich dabei im klaren darüber, daß das Instrumentarium des kulinarischen Theaters auch für die Gestaltung der Lehrstücke unverzichtbar war. Personen, Rollen, Kulisse im weitesten Sinne und auch Musik waren nun einmal notwendig, um den gewünschten Stoff, das bevorzugte Thema in des Wortes eigentlichem Sinne an den Mann zu bringen. Brecht wußte sehr wohl, daß er dem Publikum seiner Zeit nicht mit revolutionären Formen der Darbietung kommen konnte. Die Welt der endenden Zwanziger Jahre war revolutionär und wirr genug, als daß das Publikum allzu viel Verständnis für revolutionäre Wendungen auf der Bühne gehabt hätte.

Brecht wollte weder Gefühle auf der Bühne und für den Zuschauer vermitteln, noch wollte er irgendeine Art von Erlebnis — Lernen ausgenommen — in seinen Stücken wirksam werden lassen. Schumacher betont zu Recht: „Er war daher bestrebt, Kunst zu schaffen, die diese Einfühlung und das bloße unfruchtbare Erlebnis verhindern sollte. Dies schien ihm einmal dadurch möglich, daß die Schranke zwischen Reproduzenten und Aufnehmenden niedergerissen wurde, was dadurch geschah, daß alle in die Erzeugung und Wiedergabe von Kunst einbezogen wurden. Zum andern, indem er Stücke schrieb, deren handelnde Personen nicht wirkliche Individuen von Fleisch und Blut waren, sondern mehr abstrakte Wesen, ja bloße Sachen und Begriffe. Das Epische, Berichtende, Erzählende ließ sich anstelle des 'gefährlichen' Dramatischen am ehesten in der Form der schulischen musikalischen Chorwerke verwirklichen.“ (Schumacher, S. 296)

Schumacher selbst, der gewiß kein Gegner Brechts und insbesondere nicht des Kommunisten Brecht ist, sieht den Versuch, die Kunst zu einer Unterabteilung der Pädagogik zu machen, als gescheitert an. Dabei geht es Schumacher allerdings weniger um die ideologischen Mißverständnisse in Brechts Kunstauffassung als vielmehr darum, daß solcherart 'Dichtung für Übungszwecke' im Gesamtzusammenhang des Brechtschen Werkes qualitativ allzu stark abfällt. Der große Künstler Brecht läßt sich in den Lehrstücken nur mit Mühe finden, wenngleich auf der anderen Seite gilt, daß auch die Lehrstücke und die sich darin ausdrückende Entwicklungsphase untrennbar mit dem großen Stückeschreiber Bertolt Brecht verbunden ist. Das eine bedingt das andere; das eine wäre ohne das andere nicht denkbar.

„Brechts Lehrstücke zeigen denselben Wandel und dieselbe Entwicklung wie sein übriges Werk. Die soziale und politische Linie wird mit den Jahren vorherrschender, bis es schließlich offen kommunistisch wird.“ (Ewen, Bertolt Brecht, S. 218)
Lehrstücke sollten Unterweisungen, im marxistischen Sinne vielleicht auch Anleitung zum Handeln sein. Dabei wird sehr deutlich erkennbar, daß Brecht sich zum handelnden Menschen — zum richtig handelnden, versteht sich — bekennt, und nicht zum Gefühl. Was der Einzelne, das Individuum empfindet, ist sekundär. Im Vordergrund stehen die Interessen der kommunistischen Partei. Brecht hatte das Rauschhafte seiner frühen Dichtung überwunden. Er verschrieb sich einer neuen Sachlichkeit, dachte und argumentierte konzentriert, wenn auch einseitig. Seine Sprache veränderte sich im selben Maße: war zuerst der Bilderreichtum, das Farbige und oft sogar Gewagte das Charakteristikum seiner Werke, so entsprach die Dürftigkeit und zugleich auch die Strenge seiner Sprache durchaus der neuen Lehre.
Brechts Arbeiten waren nunmehr zum Gebrauch bestimmt. Das gilt für die Lyrik ebenso wie für die dramatischen Versuche. „Sie waren Werkzeuge des Menschen, wie jene dazu bestimmt, die Umwelt zu verändern. Dichter waren demgemäß Ingenieure der Seele, ihre Aufgabe war es, gesellschaftlich nützliche Haltungen hervorzurufen und zu fördern. Und was für Dichter galt, galt auch für Musiker ...“ (Esslin, Brecht S. 70)
Zu Brechts Mitarbeitern in dieser Zeit gehörten die Komponisten Kurt Weill und Paul Hindemith. Sie schrieben die Musik, die Brecht als begleitendes Element seiner Lehrstücke — der Schulopern vor allem — als angemessen empfand. Auch in der Musik sollte es das Kulinarische nicht mehr geben; keine geistige Verzückung, kein Sich-Vertiefen in die Kompositionen. Vielmehr erscheint die Musik zu Brechts Werken als Gebrauchsmusik: zur rhythmischen Unterstützung des Textes an den besonders wichtigen Stellen, um Aufmerksamkeit bei den Zuhörern zu garantieren.
„Es war die Funktion der Lehrstücke, aus den Charakteren sowohl aktive als auch kontemplative Wesen zu machen. Das Prinzip, auf dem diese Versuche ruhten, war die

'kollektive Kunstausübung', die auch über gewisse moralische und politische Ideen unterrichten sollte.“ (Ewen, Bertolt Brecht, S. 217)
Brecht, der sich in seiner Berliner Zeit bedingungslos dem marxistischen und dem kommunistischen System verschrieb, erntete indessen keineswegs immer Dank und Anerkennung von den Genossen. Auch heute noch bemängeln marxistische Biographen Brechts, daß er beispielsweise auch in den Lehrstücken die Lehre vom Klassenkampf und die sich daraus ergebenden Klassenkriterien für die Beurteilung gesellschaftspolitischer und kultureller Phänomene zu undifferenziert interpretiert habe. Fradkin etwa spricht von dogmatischer Unduldsamkeit und vom Radikalismus des Neophyten in Brechts Marxismus-Interpretation. Grundsätzlich meint Fradkin zu den Lehrstücken: „In den Lehrstücken fließen verschiedene Motive und Themen ineinander. Einige von ihnen entwickelten Probleme, die im vorangegangenen Schaffen Brechts aufgetaucht waren, andere wiederum enthielten Ansatzpunkte für die Problematik späterer Werke . . . Es ist jedoch zweckmäßig, aus dieser Vielfalt von Themen und Motiven ein zentrales Problem aller Lehrstücke hervorzuheben. Ein solches Zentralproblem ist das unter zwei Aspekten betrachtete Problem des Humanismus: das Kollektiv und die Persönlichkeit (Selbstaufgabe des Individuums im Namen des gesellschaftlichen Wohls oder der Interessen einer Klasse), Revolution und Sittlichkeit (der Konflikt zwischen den Moralbegriffen und der revolutionären Notwendigkeit, Disziplin und Pflicht).“
Und in der typischen marxistischen Sicht der Dinge resumiert Fradkin: „Die Lehrstücke Brechts resultieren aus der historischen Situation der Zwanziger Jahre, in denen ein nicht geringer Teil der deutschen schöpferischen Intelligenz zum Übergang auf die Positionen der revolutionären Arbeiterklasse tendierte. Dieser Übergang erforderte eine bedeutende ideelle und psychologische Umstellung: Es war notwendig, sich vom fest verwurzelten Individualismus loszusagen, von der egoistischen Fetischierung des eigenen kapriziösen Ich, es war notwendig, verstandes- und gefühlsmäßig die große Wahrheit des proletarischen Kollektivismus zu begreifen. Aus diesem Grunde war die Problematik der Lehrstücke an sich gesetzmäßig und fruchtbar.“ (Fradkin, Bertolt Brecht, S. 120f.)

Die wichtigsten Lehrstücke Brechts – mit Ausnahme der „Heiligen Johanna der Schlachthöfe“ und „Der Jasager“ – „Der Neinsager“, die in gesonderten Kapiteln abgehandelt werden, – sollen im folgenden genannt werden.

Der Flug der Lindberghs oder **Der Ozeanflug**

Dieses Stück ist Brechts erster Versuch, Dichtung für Übungszwecke einzusetzen, oder, wie Brecht selbst formulierte, die Kunst als „pädagogisches Unternehmen“ zu sehen. Nach Ansicht Brechts hat das Stück keinerlei Wert, wenn man – also der Zuschauer – sich nicht daran schult. „Er besitzt keinen Kunstwert, der eine Aufführung rechtfertigt, die diese Schulung nicht bezweckt, er ist ein Lehrgegenstand.“ (zit. nach Schumacher, S. 297)
Auch dieses Lehrstück wurde von Hindemith und Weill vertont, was, wie bereits beschrieben wurde, keinesfalls der künstlerischen Gefälligkeit, dem Kulinarischen dienen sollte. Zusammengefaßt kann man den Inhalt des „Ozeanflugs“ als den Versuch beschreiben, den Sieg der menschlichen Vernunft, der Technik über die Natur und die nicht faßbaren religiös-mythologischen Kräfte in szenisch-lehrhafter Form darzustellen. Brecht änderte den Titel „Der Flug der Lindberghs“ später in „Der Ozeanflug“, und zwar weil er Lindbergh als einen Sympathisanten der politischen Rechten, genauer: Hitlers betrachtete. Lindbergh selbst wurde in der umgetauften Version des Stückes in „Der Flieger“ umbenannt, um ja nicht auch nur den Anschein einer Identifikation des Stückeschreibers mit dem Gegenstand aufkommen zu lassen. Worum es Brecht in diesem Lehrstück – übrigens dem ersten in der von nun an publizierten Broschürenreihe „Versuche“ – ging, ist insbesondere der Nachweis, daß die hervorragende Tat der Ozeanüberquerung durch Lindbergh nicht eine individuelle Leistung sei, sondern als ein Triumph des Kollektivs, als Summe unzähliger Bemühungen vieler einzelner, die das Ganze letztenendes erst möglich machten. „Ich bin nicht allein“, erklärt der Flieger, denn sieben Männer hatten ihm geholfen, die „Spirit of St. Louis“, sein Flugzeug, zu bauen. Die Ozeanüberquerung wird logisch als Schlacht gegen das Primitive, als Maßnahme zur Verbesserung des Planeten

und somit als Schritt zur Veränderung der Welt betrachtet. Der Ozeanflieger macht viel möglich, aber es

> „Erhob sich unsere
> Stählerne Einfalt
> Aufzeigend das Mögliche
> Ohne uns vergessen zu machen: das
> Noch nicht Erreichte.
> Diesem ist dieser Bericht gewidmet."

Dies besagt, daß auch die größte technische Leistung nur eine Station auf dem langen Weg der Veränderung sein könne. Unter der Überschrift 'Ideologie' heißt es in dem Stück:

> „Viele sagen, die Zeit sei alt
> Aber ich habe immer gewußt, es ist eine neue Zeit.
> Ich sage euch, nicht von selber
> Wachsen seit 20 Jahren Häuser wie Gebirge aus Erz
> Viele ziehen mit jedem Jahr in die Städte, als erwarten sie etwas.
> Und auf den lachenden Kontinenten
> Spricht es sich herum: das große gefürchtete Meer
> Sei ein kleines Wasser."

Der Alleinflug über den Atlantik geschieht im Namen der Gemeinschaft. Von seinen eigenen politischen Freunden wurde Brecht nach der Aufführung des „Ozeanfluges" vorgeworfen, er habe den dialektischen Materialismus keineswegs konsequent angewendet, wenn er beispielsweise sagt:

> „Jetzt nämlich
> Laßt uns bekämpfen die Natur,
> Bis wir selber natürlich geworden sind."

Die Bemühungen sollten sich nach Auffassung der geschulten Marxisten aber nicht auf die Besiegung der Natur richten, sondern auf die Veränderung der bestehenden Gesellschaftsform. Dies erst sei nämlich der wahre Sieg des Menschen über die Natur.
Hieraus wird leicht sichtbar, welche Schwierigkeiten der Neumarxist Brecht mit seiner Lehre zunächst, und im üb-

rigen auch später, immer wieder hatte. Der Kampf gegen die Natur war für den Stückeschreiber kaum eine ideologische Angelegenheit, sondern sie entsprach seinem Naturell. In dem berühmten Gedicht „An die Nachgeborenen" findet sich die bezeichnende Stelle, die zugleich in seinem übrigen Werk sozusagen leitmotivisch immer wieder auftaucht:

„Und die Natur sah ich ohne Geduld."

Brechts prinzipielle Einschätzung der zeitgeschichtlichen Situation, die ja immer auch zur Beurteilung der für den aktuellen Gebrauch bestimmten Lehrstücke gehört, wird am Ende des „Ozeanfluges" deutlich: es geht um das Unerreichbare. Das mußte Brecht selbst erfahren, als er sein Lehrstück beim Radio, für das es ja zunächst geschrieben wurde, unterbringen wollte. Das war noch nicht erreichbar, ebenso wenig wie der Weimarer Staat Interesse an den Brechtschen Lehrstücken haben konnte. Selbst Ernst Schumacher konstatiert: „Bei aller ideologischen Beschränktheit stellt dieses Lehrstück, das besser ein Hörstück genannt würde, eine neue Form der lehrhaften Dichtung dar. Als Erneuerung der Lehrdichtung war das Werk fortschrittlich, wenn auch die Einschränkungen, wie, daß sich die Knaben und Mädchen nicht in den Lindberghpart einfühlen sollten, nur als Reaktionen auf die herrschenden nur-psychologischen, unsachlichen Tendenzen zu verstehen sind." (Schumacher, S. 305)
Das gleiche Thema des Fliegens nahm Brecht unmittelbar danach noch einmal auf, und zwar in

Das Badener Lehrstück vom Einverständnis

das 1929 mit der Musik wiederum von Paul Hindemith in Baden-Baden uraufgeführt wurde. Offenbar war Brecht zu dieser Zeit von den wundersamen Flugapparaten sehr fasziniert. Freilich, das Problem, um das es im „Badener Lehrstück" geht, ist ein ganz anderes. Auch die ideologische Einstellung hat sich bei Brecht geändert. Hieß es noch im „Ozeanflug":

„Gegen Ende des zweiten Jahrtausends unserer Zeitrechnung
Erhob sich unsere
Stählerne Einfalt,
Aufzeigend das Mögliche
Ohne uns vergessen zu machen: das
Unerreichbare."

Jetzt, im zweiten Versuch der Lehrstücke, spricht Brecht nicht mehr vom Unerreichbaren, sondern vom „noch nicht Erreichten". Schumacher wertet dies als Ergebnis der intensiven Bemühungen Brechts um den dialektischen Materialismus und – als einen großen Erfolg dabei.
Das Zupackendere, Aggressivere im ideologischen Sinne wird im „Badener Lehrstück" schnell deutlich. Ging es im „Ozeanflug" noch um die grundsätzliche Auseinandersetzung des Menschen mit der Natur, so fand Brecht jetzt bereits sein Grundthema: es heißt

„Mit uns zu marschieren und mit uns
Zu verändern nicht nur
Ein Gesetz der Erde, sondern
Das Grundgesetz.
Einverstanden, daß alles geändert wird,
Die Welt und die Menschheit,
Vor allem die Unordnung
Der Menschenklassen, weil es zweierlei Menschen gibt:
Ausbeutung und Unkenntnis."

Vier Insassen eines Flugzeugs sind beim Versuch einer Atlantiküberquerung abgestürzt. Sie sind in Not geraten, brauchen Hilfe und vor allem Wasser. An dieser simplen Geschichte exemplifiziert Brecht die Frage, ob den Abgestürzten geholfen werden soll oder nicht.
Zwei Chöre argumentieren nun dialektisch gegeneinander, tauschen Argumente aus und stellen Lehrmeinungen auf, an denen sich menschliches Verhalten schlechthin verifizieren läßt. Es geht Brecht um die Frage, ob der Mensch dem Menschen hilft, wenn er in Not ist. Die Frage wird ferner gestellt und von den verschiedensten Richtungen her erörtert, ob der technische Fortschritt auch einen Fortschritt für den arbeitenden Menschen gebracht habe. Brecht von

seiner Warte aus muß die Frage verneinen; das Brot sei nicht billiger geworden und die Armut in den Städten habe zugenommen – dies ist die allzu einfache Antwort. Die Welt müsse verändert werden – darum kreisen alle Gedanken und Argumente dieses Lehrstückes; denn Hilfe sei nur möglich, wenn Gewalt angewendet werde. Gewalt aber regiere die Welt, und deswegen müsse die Gewalt abgeschafft werden – eben durch die Veränderung dieser Welt.
Die Flieger werden von dem argumentierenden Chor sodann aufgefordert, den Tod als notwendig anzunehmen, zu bejahen. Die Schiffbrüchigen sollten also die Auslöschung ihrer Individualität akzeptieren. Aber einer der Flieger, ein berühmter Mann, weigert sich, mit seinem Tode einverstanden zu sein. Er gesteht, den Ozeanflug um des eigenen Ruhmes willen gewagt zu haben; er läßt sich als Individualist erkennen und will dem Urteil des Chores keineswegs folgen.
Aber es liegt in der Logik der Lehrstücke und ihrer Tendenz, daß gerade der Individualist sterben muß: er paßt nicht in die Gemeinschaft des Kollektivs, er hat keine überzeugende soziale Funktion, sein Leben ist deswegen nutzlos.
Die drei Monteure hingegen, die sich mit dem Tod einverstanden erklärt haben, werden vom Dichter gepriesen: sie haben erkannt, daß ihr Tod notwendig für die Veränderung der Welt ist. Im Sinne des Fortschritts der Menschheit müssen sie in der großen Anonymität untergehen; nur so hat ihr Leben einen Sinn gehabt. Denn es geht darum, einen Zustand zu schaffen, in dem die Verhältnisse fremde Hilfe überflüssig machen; die Welt solle so verändert sein, daß Menschen nirgendwo mehr der Hilfe überhaupt bedürfen.
Schumacher kritisiert aus seiner Sicht das „Badener Lehrstück“ sehr nachdrücklich: „Das ganze Lehrstück krankt an einer enormen Abstraktheit, da Brecht nicht von einer historisch-konkreten Situation und einem wirklichen Individuum ausging. Hier hätte sich herausgestellt, daß der Übergang eines Menschen in das Lager des Marxismus-Leninismus eine Frage der historischen Umstände, der Klassenherkunft und Klassenlage und des Bewußtseins und des Charakters ist. Welcher der Faktoren den Ausschlag gibt, ist von Fall zu Fall verschieden. In keinem Fall aber läßt sich ein aktives Tätigsein im Sinne des Marxis-

mus-Leninismus, eben in Bezug auf die Veränderung der Welt, ohne ein bestimmtes Bewußtseinsniveau denken; Spontaneität reicht nicht aus." (Schumacher, S. 307)
Mit Recht kann man, wie Schumacher, die mangelnde historisch-konkrete Bezogenheit dieses Stückes kritisieren. Im Sinne der Ernsthaftigkeit der Lehrstücke, wie sie von Brecht zweifellos gemeint war, muß man aber auch Zweifel daran haben, ob die eingeschobene groteske Nummer, eine Art Zwischenspiel dreier Zirkus-Clowns, tatsächlich die gewünschte Wirkung bei der Auseinandersetzung der Klassen und der Austragung ihrer Gegensätze erzielen kann. Das Beispiel des „Examens" zeigt indessen, wie geradezu penetrant argumentierend sich das Lehrstück vom „Einverständnis" hinzieht:

„Der gelernte Chor: Wie hoch seid ihr geflogen?
Die drei gestürzten Monteure: Wir sind ungeheuer hoch geflogen.
Der gelernte Chor: Wie hoch seid ihr geflogen?
Die gestürzten Monteure: Wir sind viertausend Meter hoch geflogen.
Der gelernte Chor: Wie hoch seid ihr geflogen?
Die gestürzten Monteure: Wir sind ziemlich hoch geflogen.
Der gelernte Chor: Wie hoch seid ihr geflogen?
Die gestürzten Monteure: Wir haben uns etwas über den Boden erhoben.
Der Führer des gelernten Chores (wendet sich an die Menge):
Sie haben sich etwas über den Boden erhoben.
Der gestürzte Flieger: Ich bin ungeheuer hoch geflogen.
Der gelernte Chor: Und er ist ungeheuer hoch geflogen."

Das Ganze erinnert in seinem quälenden Ablauf an die Gehirnwäsche bei Verhören terroristischer Regime. Es ist der Versuch, die individuelle Meinung als absurd, als von vorneherein verdammenswürdig, in jedem Fall aber als falsch darzustellen. Der gelernte Chor, der in diesem Lehrstück das Geschehen vorantreibt, hat die Wahrheit erkannt; er allein interpretiert und verkündet sie. Der abgestürzte Flieger wagt es dennoch, dabei zu bleiben, er sei ungeheuer hoch geflogen und habe sich keineswegs nur etwas über den Boden erhoben. Das sarkastische und vernichtende „Und er ist ungeheuer hoch geflogen" des gelernten Chores klingt bereits wie das Todesurteil für den Individualisten, den Flieger.

„Wie weit sind wir jetzt vom nihilistischen Individualismus Baals entfernt! Dort war die Auslöschung der Persönlichkeit gleichbedeutend mit dem Erreichen der Einheit mit der Natur – etwas Positives. Auf der negativen Seite war es die Phase des Kampfes gegen den bürgerlichen Individualismus. In Galy Gay war es ein Mittel des Überlebens. Jetzt ist die Auslöschung das Vorspiel zu einer positiven sozialen Wiederauferstehung." (Ewen, Bertolt Brecht, S. 223)

In der Tat: in dieser Phase seines Schaffens betrachtete Brecht Individualität als etwas absolut Überflüssiges, ja Nutzloses. Die Radikalität dieser Haltung wird besonders deutlich in der These, daß es der Individualist am allerwenigsten erwarten könne, Hilfe von anderen Menschen zu erhalten – und zwar eben deswegen, weil er ein Individualist ist und sich scheinbar nicht in den Dienst des Kollektivs, der sozialen Gemeinschaft stellen will. Die Erkenntnis, daß die Leistung des Individuums in der Geschichte mehr Erfolge zum Nutzen der Menschen erbracht habe als das Beharren auf die ahistorische Idee des Kollektivs, ist Brecht zu dieser Zeit noch nicht gekommen. Dies aber ist auf der anderen Seite der Punkt, der die Lehrstücke als allzu paradigmatisch, allzu lehrhaft, allzu steril in der ideologischen Forderung erscheinen läßt, als daß sie tatsächlich lehrhaften Charakter hätten haben können. In diesem Zusammenhang sei daran erinnert, was Brecht selbst in seiner „Theorie der Lehrstücke" zu dieser Form des Theaters meint:

„Das Lehrstück lehrt dadurch, daß es gespielt wird, nicht dadurch, daß es gesehen wird. Prinzipiell ist für das Lehrstück kein Zuschauer nötig, jedoch kann er natürlich verwertet werden. Es liegt dem Lehrstück die Erwartung zugrunde, daß der Spielende durch die Durchführung bestimmter Handlungsweisen, Einnahme bestimmter Haltungen, Wiedergabe bestimmter Reden und so weiter gesellschaftlich beeinflußt werden kann. Die Nachahmung hochqualifizierter Muster spielt dabei eine große Rolle, ebenso die Kritik, die an solchen Mustern durch ein überlegtes Andersspielen ausgeübt wird. Es braucht sich keineswegs nur um die Wiedergabe gesellschaftlich positiv zu bewertender Handlungen und Haltungen zu handeln; auch von der (möglichst großartigen) Wiedergabe asozialer Handlungen und Haltungen kann erzieherische Wirkung erwartet werden. Ästhetische Maßstäbe für die Gestaltung von Personen, die für die Schaustücke gelten, sind beim Lehrstück außer Funktion gesetzt. Besonders eigenzügige, einmalige Charaktere fallen aus, es sei denn, die Eigenzügigkeit und Einmaligkeit wäre das Lehrproblem. Die Form der Lehrstücke ist streng, jedoch nur, damit Teile eigener Erfindung und aktueller Art desto leichter eingefügt werden können.... Für die Spielweise gelten Anweisungen des epischen Theaters. Das Studium des V-Effekts ist unerläßlich. Die geistige Beherrschung des ganzen Stücks ist unbedingt nötig. Jedoch ist es nicht ratsam, die Belehrung darüber vor dem eigentlichen Spielen abzuschließen. Prinzipiell kann der Lehreffekt auch erreicht werden, wenn der Spielende als Partner im Film Auftretende hat.... Im Lehrstück ist eine ungeheure Mannigfaltigkeit möglich. Bei der Aufführung des „Badener Lehrstücks' hielten sich der Stückeschreiber und der Musikschreiber auf der Bühne auf und griffen dauernd ein. Der Stückeschreiber wies den Clowns öffentlich den Platz für ihre Darbietung an, und als die Menge den Film, der tote Menschen zeigte, mit großer Unruhe und Unlust ansah, gab der Stückeschreiber dem Sprecher den Auftrag, am Schluß auszurufen: 'Nochmalige Betrachtung der mit Unlust aufgenommenen Darstellung des Todes', und der Film wurde wiederholt." (Brecht, Schriften zum Theater 4, S. 78 ff.)

Aus dieser prinzipiellen Äußerung Brechts über die Lehrstücke wird deutlich, daß alles, was gemeinhin unter dem Begriff der Theatralik im klassischen Sinne zu verstehen ist, hier keine Anwendung finden darf. Alles, aber auch alles ist dem Prinzip des Lehrhaften, des Belehrenden untergeordnet. Theater ist das alles recht eigentlich nicht mehr, denn Brecht selbst meint ja, daß Zuschauer nicht unbedingt notwendig seien. Es handelt sich also um Theater, das die Akteure, die Schauspieler, belehren soll. Es geht Brecht um das antimetaphysische, dialektische, nichtaristotelische Theater. Auch interessiert Brecht nicht so sehr die Frage, ob gelehrt werden soll, sondern vielmehr die Frage, wie gelehrt und gelernt werden könne.

Seine Theorie der Lehrstücke ist der Versuch, das Ganze sozusagen unter Ausschluß der Öffentlichkeit auszuprobieren. Seine Lehrstücke sind – wie gesagt – vor allem für Schulen und spezielle Gruppen gedacht gewesen. Öffentliche Aufführungen, wie die in Baden-Baden, waren zum Scheitern verurteilt, nicht zuletzt deswegen, weil das Publikum mit dieser Form des Theaters nichts anzufangen wußte. Bei der Aufführung des „Badener Lehrstücks" war, wie berichtet wird, auch Gerhart Hauptmann anwesend. Er soll das Theater wütend und in höchster Erregung vorzeitig verlassen haben.
Die Frage ist sicher falsch gestellt, warum Brecht überhaupt die Lehrstücke schrieb, wenn er der Auffassung war, daß sie eigentlich für Zuschauer nicht geeignet seien. Es ging Brecht damals nicht um die öffentliche Wirkung. Er war vielmehr besessen von dem Gedanken, eine Form zu finden, mit der die Lehre von der Veränderbarkeit der Welt – oder zumindest von der Notwendigkeit dieser Veränderung – gewissermaßen spielerisch, ohne staatliche Institutionen, verbreitet werden könnte. Dieser Versuch ist der künstlerische Ausdruck einer Entwicklungsstufe Brechts, in der er seine Aufgabe einzig und allein darin sah, die kommunistische Lehre in einem kapitalistischen Land, das sich noch dazu in einer offenkundigen Krise befand und also reif war für die Veränderung, quasi von der Basis (der Schule!) her zu verbreiten. Die Agitationen der Kampfgruppen auf der Straße schienen Brecht nicht das geeignete Mittel zu sein, weil das Bürgertum zu erschrocken reagierte.

Die Maßnahme

Meistens wird die „Maßnahme" als Brechts umstrittenstes, zugleich aber auch als sein konsequentestes Lehrstück im Sinne seiner Ideologie bezeichnet. Zum ersten Mal setzt sich Brecht hierin mit dem Kommunismus direkt auseinander. Ganz konsequent wird dabei das Thema der Belanglosigkeit des Einzelschicksals angesichts des Kampfes um eine große Idee abgehandelt. Brecht selbst beschreibt den Inhalt des Stückes so: „Vier kommunistische Agitatoren stehen vor einem Parteigericht, dargestellt durch den Massenchor. Sie haben in China kommunistische Propaganda getrieben und dabei den jüngsten Genossen erschießen müssen. Um nun dem Gericht die Notwendigkeit dieser Maßnahme der Erschießung eines Genossen zu beweisen, zeigen sie, wie sich der junge Genosse in den verschiedenen politischen Situationen verhalten hat. Sie zeigen, daß der junge Genosse gefühlsmäßig ein Revolutionär war, aber nicht genügend Disziplin hielt und zu wenig seinen Verstand sprechen ließ, so daß er, ohne es zu wollen, zu einer schweren Gefahr für die Bewegung wurde. Der Zweck des Lehrstückes ist also, politisch unrichtiges Verhalten zu zeigen und dadurch richtiges Verhalten zu lehren." (Brecht, Schriften zum Theater 2, S. 138 f.)

Auch dieses Stück betrachtete Brecht nicht als Theaterstück im üblichen Sinne, sondern als eine Veranstaltung von einem Massenchor und vier Spielern. Die Aufführung, so Brecht, solle eher eine Ausstellung sein. Das entspricht ganz und gar Brechts „Theorie der Pädagogien", in der er den grundlegenden Unterschied zwischen den Tätigen und den Betrachtenden beschreibt; nach Brecht ist aber zwischen der wahren Philosophie und der wahren Politik kein Unterschied, weil die Politiker Philosophen und die Philosophen Politiker sein müßten. Daraus wiederum folgt für Brecht, daß die jungen Menschen durch Theaterspielen erzogen werden sollten, denn auf diese Weise würden sie zugleich zu Tätigen und zu Betrachtenden gemacht. Entscheidend ist im Ergebnis, ob der Staat von der Unternehmung einen praktischen Nutzen im Sinne der Veränderung hat. Daß dabei nicht der „kapitalistische" Staat der Weimarer Republik gemeint war, versteht sich von selbst.

Auch in der „Maßnahme" schildert Brecht allerdings keine konkrete historische Situation; die Zeitgenossen bemängelten daher vor allem, daß der Lehrwert des Stückes wiederum allzu abstrakt und zu wenig auf die Zustände in den beginnenden Dreißiger Jahren zugeschnitten gewesen seien.

Auch diesmal geht es wieder um das Thema des Einverständnisses, ein Thema, das seit dem „Ozeanflug" Brechts Denken beherrschte. Seine Konsequenz fällt indessen noch radikaler aus als in den vorhergegangenen Stücken. Die entscheidende Fragestellung des Stückes, von der aus alles andere abgeleitet wird, lautet:

„Die vier Agitatoren: Oftmals tat er das Richtige, einige Male das Falsche, aber zuletzt gefährdete er die Bewegung. Er wollte das Richtige und tat das Falsche. Wir fordern euer Urteil.

Der Kontrollchor: Stellt dar, wie es geschah und warum, und ihr werdet unser Urteil hören.

Die vier Agitatoren: Wir werden euer Urteil anerkennen."

Damit ist festgelegt, daß es eine überraschende, eine dramatische Wende nicht geben kann. Der Kontrollchor – die Partei also – stellt fest, was gut und richtig ist, und einen Widerspruch dagegen gibt es nicht. Der Gedanke, daß gegen jedes Urteil auch ein Einspruch möglich ist, ja daß ein Urteil gar revidiert werden könnte, gehört nicht in die von der Partei praktizierte Haltung des selbstverständlich verlangten Einverständnisses. „Wir werden euer Urteil anerkennen" – das bedeutet: „Die Partei hat immer recht."

Die Auslöschung der Identität im Interesse der großen Sache beginnt schon am Anfang, als der Leiter des Parteihauses von den Genossen Agitatoren verlangt, sie müßten, um die Bewegung nicht zu gefährden, mit der Auslöschung ihres Gesichtes einverstanden sein:

„Der Leiter des Parteihauses: So seid ihr bereit, zu sterben und zu verstecken den Toten?

Die zwei Agitatoren: Ja.

Der Leiter des Parteihauses: Dann seid ihr nicht ihr selber, Du nicht mehr Karl Schmitt aus Berlin, Du nicht mehr Anna Kjersk aus Kasan und du nicht mehr Peter Sawitsch aus Moskau, sondern allesamt ohne Namen und Mutter, leere Blätter, auf welche die Revolution ihre Anweisungen schreibt."

Der Mensch nicht mehr als Individuum also, sondern als Funktion der revolutionären Bewegung, ihr ganz und gar verschrieben, bis zum Verlust der eigenen Identität.
Bezeichnend ist, daß die radikale Auffassung der „Maßnahme" auch von den marxistischen Interpreten Brechts scharf kritisiert wird. Fradkin beispielsweise schreibt:

„Welche tragischen Zweifel ihn dieser Glaube auch gekostet haben mag, jedenfalls glaubte Brecht damals tatsächlich an seine abstrakt-rationalistische Geometrie der 'revolutionären' Moral. Doch schon dieser Glaube war ein Irrtum. Dieser ganze 'Klassizismus' im neuen Gewande, dieses eisige Pathos der Aufopferung der Persönlichkeit auf dem Altar des Kollektivismus, entspricht vielleicht dem Kodex der Samurai-Tugenden, der preußisch-militärischen Disziplin, der fanatischen Ordensregel der Jesuiten, schließlich den kasernenkommunistischen Vorstellungen eines Bakunin und einiger seiner modernen Anhänger, mit wahrhaft sozialistischem Humanismus aber hat diese pseudoradikale Romantik wenig gemein. 'Wer seid ihr? (...) Wir sind niemand. (...) Wer also stirbt, wenn ihr sterbt? (...) Niemand.' Diese schreckliche Formel der Selbstpreisgabe der Persönlichkeit, diese Philosophie der Verwandlung des Menschen in ein namenloses Sandkörnchen im Fundament eines majestätischen Gebäudes, ist genaugenommen von kommunistischer Ethik genauso weit entfernt wie auf der anderen Seite der gesellschaftsfeindliche Individualismus eines Baal oder Kragler." (Fradkin, Bertolt Brecht, S. 126 f.)

„Die Maßnahme" wurde 1930 uraufgeführt. Das Stück rief sofort wilde Diskussionen hervor, und zwar in allen politischen Lagern. Den einen war Brecht damit endgültig aus dem Kreis ernstzunehmender Künstler entrückt, andere wieder sahen in dem Stück den Anfang einer wahrhaft revolutionären Dichtkunst in Deutschland. Unberührt ließen das Stück und vor allem die Problematik niemanden, der sich mit der Kunstszene befaßt. Die Diskussionen konzentrierten sich, wie wohl auch für Brecht zu erwarten war, vor allem auf die Erschießung des jungen Genossen. Diese radikale Konsequenz war auch den Kommunisten nicht geheuer; immer wieder wiesen sie darauf hin, daß ein solches Vorgehen keineswegs kommunistische Praxis sei. Vor allem war die Kommunistische Partei ungehalten darüber, daß Brecht mit diesem Stück der antikommunistischen Propaganda allerbeste Munition geliefert hatte. Die Zeitschrift „Die Linkskurve" bemängelte: „Man fühlt, daß er seine Kenntnisse nicht aus der Erfahrung schöpft, daß er lediglich von der Theorie her deduziert... Aus einer unwirklichen Analyse der Voraussetzungen folgte die falsche

Synthese ihrer politischen und künstlerischen Konsequenzen. In all dem spiegelt sich eine abstrakte Einstellung dem komplizierten Kampf und Erfahrungskenntnissen der Partei gegenüber . . . “ (zit. nach Esslin, Brecht, S. 205)
Und in einer anderen, zeitgenössischen Kritik heißt es: „Das reine Wollen Brechts steht außer Frage. Aber der Sprung von der 'Dreigroschenoper' bis zum revolutionären 'Lehrstück' mußte mißglücken, weil dazwischen ein Hohlraum liegt, der nur durch wirkliche Verbundenheit mit der Arbeiterbewegung ausgefüllt werden kann. Manche Genossen meinen, daß man die Kritik der 'Maßnahme' um einige Pflöcke zurückstecken soll, damit Brecht auf seinem Wege zum Kommunismus nicht kopfscheu werde. Wir glauben, daß dieser Standpunkt verfehlt ist. So wünschenswert es ist, daß Brecht unserer Sache ganz gewonnen wird – tausendmal wichtiger ist die revolutionäre Erziehung der Masse. Auf ihrem Rücken sind Experimente, mögen sie noch so talentiert sein, unzulässig.“ (Brecht, Die Maßnahme, S. 359 f.)
In dieser Kritik aus dem Jahr 1930 liegt zugleich die Schwierigkeit Brechts mit dem Kommunismus begründet, die auch in späteren Jahren nie aufgehört hat. Die Kommunistische Partei – der Sowjetunion ebenso wie später der DDR – sah Brecht immer mit einem gewissen Mißtrauen. Er, der Sohn bürgerlicher Eltern, ohne proletarische Herkunft und eigentlich ohne ernstzunehmende marxistische „Lehre“, wurde nie unwidersprochen einer der ihren.
Am schärfsten wurde die Kritik gegen die „Maßnahme“ dort formuliert, wo die kommunistische Ideologie sich direkt betroffen fühlte. Der Marxist Alfred Kurella beispielsweise sprach davon, daß statt eines bolschewistischen Lehrstücks ein opportunistisches von Brecht geschrieben worden sei. Die Gründe dafür lägen einmal in der künstlichen Umwelt, in der das Stück spiele, und dann in der idealistischen Grundauffassung, die durch das ganze Stück hindurchgehe. Brecht wird eine Haltung des „kleinbürgerlichen Revolutionärs“ vorgeworfen, der sich erst auf dem Wege der Annäherung an das revolutionäre Proletariat und den Kommunismus befinde. Aber: „Der revolutionäre Dramatiker Brecht, der in seinen Werken nicht nur den Anschluß an die Idee des Kommunismus sondern auch den engen Kontakt mit der Bewegung sucht, für die er seine Stücke schreiben will, hat

es bisher versäumt, sich mit der Massenbewegung der Agitprop-Truppen auch nur bekannt zu machen ... Brecht glaubt sich im Besitz der Lehren des Kommunismus und das scheint ihm zu genügen um als Spezialist im Laboratorium revolutionärer Kunst zu schaffen." (Brecht, Die Maßnahme, S. 386)
Brecht zog die Konsequenzen insofern, als er eine Neufassung der „Maßnahme" schrieb. Aber auch die fand in den eigenen Reihen wenig Beifall, im Gegenteil: in Moskau mußte Brecht wiederum den Vorwurf hören, er habe aufgrund seines ausschließlich theoretischen Studiums des Marxismus-Leninismus und wegen der daraus resultierenden notwendigerweise mangelnden praktischen Erfahrung etwas geschrieben, was in der Realität niemals geschehen könne – nämlich die Hinrichtung eines Genossen der revolutionären Bewegung durch einen anderen Genossen. Hier freilich behielt Brecht recht. Was in der „Maßnahme" geschildert wird, erinnert in fataler Weise an die stalinistischen Säuberungsprozesse der dreißiger Jahre, in deren Gefolge psychischer und physischer Terror sowie Liquidierungen gewissermaßen an der Tagesordnung waren. So realitätsfremd war Brechts Stück im konkreten Beispiel offenbar doch nicht, und die Proteste und Kritiken der Partei-Orthodoxen aus Moskau und aus den Parteizentralen wirken im Lichte der historischen Erfahrung heute sehr peinlich.
„Acht Jahre bevor Bucharin von seinen Richtern sich im Interesse der Partei mit seiner eigenen Hinrichtung einverstanden erklärte, hatte Brecht diesem heroischen Akt der Selbstaufopferung eines Kommunisten tragischen dichterischen Ausdruck gegeben. Mit der Intuition eines wahren Dichters hatte er, allen Behauptungen der Parteiorgane zum Trotz, tatsächlich den wesentlichen inneren, moralischen Konflikt der Partei, ja aller totalitären Machtapparate überhaupt, erkannt und gestaltet. Bis zum heutigen Tage bleibt 'Die Maßnahme' die einzige große tragische Dichtung über das moralische Dilemma totalitärer Regime." (Esslin, Brecht, S. 206 f.)
Diese Würdigung der 'Maßnahme' stimmt allerdings nur zum Teil. Brecht war es nämlich keineswegs darum gegangen, eine große und tragische Dichtung über die Schwierigkeiten totalitärer Regime zu schreiben. Erstens

einmal sah er im Marxismus-Leninismus keineswegs eine totalitäre Bewegung, sondern die Bewegung, die allein Freiheit und Selbstentfaltung des Einzelnen garantieren könnte. Brecht argumentierte in der „Maßnahme" ja ganz anders. Für ihn ging es nicht um den heroischen Akt des Einzelnen, sondern einzig und allein darum, daß es im Interesse der Partei und ihrer Erfolge keine individuellen Regungen geben dürfe. Seine Sympathien gelten daher keineswegs dem erschossenen Genossen, sondern der Partei, die eine solche konsequente Einstellung auch zu Leben und Tod verlangen muß.

Es gibt Zeugnisse aus den letzten Lebensjahren Brechts, aus denen hervorgeht, daß er später den Sinn der Lehrstücke nur noch darin sah, Trainingsübungen für geistige Athleten darzustellen. Und der Band V der Stücke, der erst nach seinem Tod erschienen ist, enthält eine bezeichnende Anmerkung zur „Maßnahme":

„Der Stückeschreiber hat Aufführungen der 'Maßnahme' immer wieder abgelehnt, da nur der Darsteller des jungen Genossen daraus lernen kann, und auch er nur, wenn er auch einen der Agitatoren dargestellt und im Kontrollchor mitgesungen hat." (Brecht, Stücke V, S. 276)

Man kann daraus durchaus schließen, daß Brecht seinen Versuch mit der „Maßnahme" selbst als gescheitert betrachtete. Nicht zuletzt die Kritik der Partei, die Brecht nach seiner ganzen geistigen Herkunft unbegreiflich gewesen sein mußte – konkrete Äußerungen von Brecht selbst gibt es dazu nicht –, mag die Abkehr des Stückeschreibers von den reinen Versuchen, dialektisches Theater zu schreiben, bewirkt haben. Nach der „Maßnahme" kam kein Stück Brechts mehr, das sich so konsequent und ausschließlich mit der Diskussion über das richtige, das heißt parteifördernde Verhalten von Genossen beschäftigt hätte.

„Die Lehrstücke stellten eine Art Rezeptbuch für angewandte Moral dar. Jeder Gedanke wurde hier mit äußerster Konsequenz formuliert und dem Publikum als Fertigfabrikat, zum sofortigen Gebrauch dargeboten. Diese Stücke frappieren beim Lesen durch die Geschliffenheit und Originalität der Gedanken und die außerordentliche Folgerichtigkeit und Unerschöpflichkeit der logischen Argumente, und in diesem Sinne bereiten sie dem Leser einen großen intellektuellen Genuß. Und doch sind sie eher entwickelte Theo-

reme, die nach dem traditionellen Resümee 'was zu beweisen war' verlangen, als dramatische Werke, dazu berufen, durch ihre szenische Gestaltung auf den Zuschauer zu wirken. In diesen Stücken gibt es keine realistischen Charaktere, keine lebendigen Menschen mit individuellen menschlichen Zügen; an ihre Stelle sind rein konstruierte Figuren getreten, gewissermaßen mathematische Symbole, die nur im Zuge der Beweisführung Verwendung finden." (Fradkin, Bertolt Brecht, S. 130)
Die nächsten dramatischen Versuche Brechts zielten indessen in die Richtung, vom rein argumentativ-theoretisierenden Lehrstück wieder wegzukommen, und das eigentliche Anliegen, nämlich die Auseinandersetzung mit den Problemen der revolutionären Arbeiterbewegung, in mehr szenischer Gestalt abzuhandeln.

Die Mutter

Dieses Stück Brechts gehört in jene Übergangsphase, der auch „Die heilige Johanna der Schlachthöfe" zuzurechnen ist. Brecht verband hier seine Lehrabsichten „mit einem konkreteren dramatischen Ablauf und mit der Darstellung eines persönlichen Schicksals, das jedoch auch hier nur beispielhaft für ein allgemeines steht. Beide Stücke geben einen abgerundeten marxistischen Katechismus in Verbindung mit einer Art 'Erkenntnisdrama'". (Kesting, Episches Theater, S. 77)

Brecht selbst schrieb zur Entstehung der „Mutter":

> Als ich das Stück D i e M u t t e r schrieb
> Nach dem Buch des Genossen Gorki und vielen
> Erzählungen proletarischer Genossen aus ihrem
> Täglichen Kampf, schrieb ich es
> Ohne allen Umschweif, in kärglicher Sprache
> Reinlich die Worte setzend, alle Gesten
> Meiner Gestalt sorgsam wählend, wie man
> Die Worte und Taten der Großen berichtet.
> Nach bestem Vermögen
> Stellte ich jene alltäglich erscheinenden
> Tausendfachen Vorgänge in verachteten Wohnungen

Unter den Vielzuvielen als historische Vorgänge dar
Keineswegs weniger bedeutend als die berühmten
Taten der Feldherren und Staatsmänner der Lesebücher.
Für meine Aufgabe hielt ich es, von einer großen
historischen Gestalt zu berichten:
Dem unbekannten Vorkämpfer der Menschheit.
Zur Nacheiferung.

„Die Mutter" ist Brechts letztes Stück, das vor der nationalsozialistischen Herrschaft in Deutschland noch aufgeführt wurde. Das Stück geht auf den gleichnamigen Roman Maxim Gorkis zurück, wenngleich Brecht sich nur zu einem Teil an die Vorlage des Romanstoffes hielt. Das Thema ist die Unruhe der russischen Arbeiter unmittelbar vor der Revolution des Jahres 1905. Die Hauptfigur – Pelagea Nilowa Wlassowa – lernt von den revolutionären Unterweisungen ihres Sohnes Pawel Wlassow und wird selbst Revolutionärin. In der Gorkischen Vorlage, in der die Wlassowa während ihrer Tätigkeit immer wieder behindert, enttäuscht und unterdrückt wird, kommt die Hauptakteurin am Ende nach eigener Erkenntnis von den Toten aufgeweckt zum Leben eines noch frommeren und edleren Christen.
Das war für Brecht natürlich nicht die Lösung; er sah in der Vorlage von Gorkis Roman eine Möglichkeit, die Problematik des revolutionären Kämpfers zum Wohle der arbeitenden Klasse auf die deutschen Verhältnisse zu übertragen. Er verwendete daher auch nur Motive aus Gorkis Roman, setzte eigene Schwerpunkte vor allem in den Themen des Stückes – so handelte Brecht beispielsweise in diesem Stück den Kampf gegen den Reformismus in der Arbeiterbewegung ab –, sodaß insgesamt ein originäres Werk Brechts entstand. In sieben von vierzehn Bildern ist der Zusammenhang mit der Roman-Vorlage noch deutlich erkennbar, auch wenn der Grundgedanke, nämlich die Wandlung der Wlassowa, in beiden Arbeiten gleichermaßen verwendet wird.
Brecht verwandte in diesem Stück wiederum verschiedene Stilelemente. Verschiedene lyrische Passagen wurden später unter der Bezeichnung „Gedichte aus Stücken" in Gedichtsammlungen aufgenommen. Episches, Lyrisches und Dramatisches werden hier in kunstvoller Weise miteinander

verbunden. Daß das dramatische Element bei Brecht jetzt durchaus wieder auftaucht, ist allein aus der Anlage der Wlassowa zu ersehen. In den vorhergehenden Lehrstücken wäre eine solche individuell angelegte Person mit einer deutlich sichtbaren Veränderung in der eigenen Entwicklung nicht denkbar gewesen. Dort waren die Handelnden nurmehr Funktionen ihrer sozialen Determination. „Die Mutter“ Wlassowa ist dagegen bereits wieder eine handelnde Figur aus Fleisch und Blut, jenseits aller Gefühlskälte und ohne das ausschließliche Rollenverständnis als Genossin. Das bedeutet andererseits nicht, daß Brecht mit der „Mutter“ den Abschnitt der parteiorientierten Stücke verlassen hätte. Was sich geändert hat, sind die Mittel der Darbietung und der Gestaltung, nicht die prinzipiellen Inhalte. Die Wlassowa singt beispielsweise das „Lob des Kommunismus“:

„Er ist vernünftig, jeder versteht ihn. Er ist leicht.
Du bist doch kein Ausbeuter, du kannst ihn begreifen.
Er ist gut für dich, erkundige dich nach ihm.
Die Dummköpfe nennen ihn dumm, und die Schmutzigen nennen ihn schmutzig.
Er ist gegen den Schmutz und gegen die Dummheit.
Die Ausbeuter nennen ihn ein Verbrechen.
Wir aber wissen:
Er ist das Ende der Verbrechen.
Er ist keine Tollheit, sondern
Das Ende der Tollheit.
Er ist nicht das Rätsel
Sondern die Lösung.
Er ist das Einfache
Das schwer zu machen ist.“

In dieser lyrischen Form steckt indessen eine subtile und überaus gekonnte Form der Belehrung. „Die Mutter begnügt sich nicht mit der Vermittlung von Gedanken, sie fordert den Nachbarn zur aktiven Aneignung des Wissens auf. Das ist möglich, weil sie zu Ausgebeuteten spricht. Ihre Worte sind genau abgewogen und für eine ganz bestimmte Gruppe von Menschen berechnet. Ein kommunistischer Agitator spricht zu Ausgebeuteten ... Sieg des Kommunismus bedeutet für Brecht zähes Ringen und uner-

müdliche Anstrengungen." (Schuhmann, Lyriker Brecht, S. 339)
Auf diese Weise gelingt es Brecht, die Entwicklung der Wlassowa von der unterdrückten Frau zur Revolutionärin weniger apodiktisch, weniger aufdringlich darzustellen als aus dem Gang der Handlung erklärlich und für jedermann begreiflich abzuleiten. Die lyrischen Einschübe – wie etwa auch das „Lob der Dialektik" – stellen dabei so etwas wie retardierende Momente dar, in denen die Lehre gewissermaßen konzentriert und zusammengefaßt vorgetragen wird.
Brecht war sich offenbar bewußt, daß „Die Mutter" anders als seine früheren Lehrstücke aufgenommen werden könnte. In den „Anmerkungen zur 'Mutter'" schrieb er:
„Das Stück 'Die Mutter', im Stil der Lehrstücke geschrieben, aber Schauspieler erfordernd, ist ein Stück antimetaphysischer, materialistischer, nichtaristotelischer Dramatik. Diese bedient sich der hingebenden Einfühlung des Zuschauers keineswegs so unbedenklich wie die aristotelische und steht auch zu gewissen psychischen Wirkungen, wie etwa der Katharsis, wesentlich anders. So wie sie nicht darauf ausgeht, ihren Helden der Welt als seinem unentrinnbaren Schicksal auszuliefern. Bemüht, ihren Zuschauer ein ganz bestimmtes praktisches, die Änderung der Welt bezweckendes Verhalten zu lehren, muß sie ihm schon im Theater eine grundsätzlich andere Haltung verleihen, als er gewohnt ist." (Brecht, Schriften zum Theater 2, S. 146)
Brecht erkennt offenbar selbst, daß dies eine neue Art des Lehrstücks ist – wenn es überhaupt noch in diese Gattung gezählt werden kann. Daß man es bei den Lehrstücken einordnen sollte, ergibt sich freilich aus dem Anliegen der „Mutter" ganz selbstverständlich. Immerhin: Brecht erkennt, daß für die „Mutter" Schauspieler notwendig seien. Für andere Lehrstücke genügten auch Rezitatoren, die – als beispielsweise die Polizei in Berlin eine Aufführung verbot, – ohne Kostüme und Requisiten den Text verlesen konnten, ohne daß an Gehalt oder Substanz des Stückes etwas verlorengegangen wäre. Im Gegenteil: Brecht berichtete davon, daß durch das bloße Lesen des Textes das Anliegen des Stückes den Anwesenden viel besser begreiflich geworden sei, ja, daß zu überlegen sei, ob die Lehrstücke ihres pädagogischen Wertes wegen nicht ohnehin als Rezitationen dargeboten werden sollten. Aber schon in der „Mutter"

gerät Brecht in das Dilemma, das sein künstlerisches Schaffen später noch des öfteren begleiten sollte.
Brecht bezeichnet die „Mutter“ ausdrücklich als ein antimetaphysisches, nichtaristotelisches Stück. Er will damit sagen, daß Sentiment und Gefühle wie Mitleid oder Sympathien hier keinen Platz haben sollen. Nur: die Zuschauer konnten sich gerade damals zu Beginn der dreißiger Jahre und angesichts des aktuellen zeitlichen Hintergrunds der Problematik und dem Schicksal der Wlassowa keineswegs entziehen. Sie fühlten und litten mit der gequälten Kreatur; sie sahen die „Mutter“ nicht nur als Demonstrationsobjekt für die Darstellung klassentypischer oder untypischer Verhaltensweisen an, sondern sie sahen in ihr eine „Heldin“ im klassischen Sinne, die Anteilnahme und Mitempfinden verdiente.
Auch Brechts spätere Stücke – Das „Leben des Galilei“ oder ganz besonders „Mutter Courage und ihre Kinder“ hatten auf der Bühne mit denselben „Schwierigkeiten“ zu kämpfen. Die Zuschauer lebten, ganz anders als Brecht das wollte, die Stücke mit, sie waren gefangen und gebannt und wurden somit zu eben der Art von Betrachtern, die Brechts Stücke nicht hervorrufen wollten.
In Brechts Stück muß die Mutter nach dem Tode ihres Sohnes auch noch die Schmach hinnehmen, daß sie beim Ausbruch des Ersten Weltkrieges für den Frieden demonstrierend von der Polizei zusammengeschlagen und nicht einmal mehr von den eigenen Genossen, den Arbeitern, angehört wird. Aber sie setzt ihren Kampf gegen den Krieg fort, sie versucht, aufzuklären und immer wieder zu demonstrieren. Und am Ende sagt die Wlassowa die hoffnungsvollen Worte:

„Wer noch lebt, sage nicht: niemals!
Das Sichere ist sicher nicht.
So, wie es ist, bleibt es nicht.
Wenn die Herrschenden gesprochen haben
Werden die Beherrschten sprechen,
Wer wagt es zu sagen, niemals?
An wem liegt es, wenn die Unterdrückung bleibt?
An uns.
An wem liegt es, wenn sie zerbrochen wird? Ebenfalls
an uns.

Wer niedergeschlagen wird, der erhebe sich!
Wer verloren ist, kämpfe!
Wer seine Lage erkannt hat, wie soll der aufzuhalten sein?
Denn die Besiegten von heute sind die Sieger von morgen
Und aus niemals wird: heute noch."

Auch die zeitkritischen Reaktionen auf die „Mutter" waren keineswegs einhellig. Der berühmte Berliner Kritiker Alfred Kerr sprach von einem Stück eines primitiven Autors, die Zeitschrift „Germania" bezeichnete Brecht als literarischen Interpreten des Bolschewismus in Deutschland und der sozialdemokratische „Vorwärts" meinte, Brecht habe die wunderbare Vorlage Gorkis in den Stalinismus von 1932 umgekrempelt.
Die Bedeutung der „Mutter" im Zusammenhang von Brechts Gesamtwerk scheint aber eher darin zu liegen, daß dieses Stück der Übergangszeit zwar zu den Lehrstücken hinzuzurechnen ist, und zwar weil – wie Fradkin zu Recht feststellte – hier der Versuch unternommen wurde, den blutleeren Schematismus dieser Gattung zu überwinden und ein Stück zu schaffen, das noch Lehrcharakter trägt, aber in sich bereits Gestalten mit individuellen Zügen in konkreten Situationen trägt. „Das Stück ist frei von der prinzipiellen 'antiindividualistischen' Gesichtslosigkeit und Namenlosigkeit der Helden sowie von der Philosophie der terroristischen Selbstaufopferung der vorangehenden Lehrstücke (eine sehr wichtige Errungenschaft Brechts!), jedoch noch keineswegs frei von lehrhaften und illustrativen Elementen." (Fradkin, Bertolt Brecht, S. 132)
„Die Mutter" ist der Versuch Brechts, den revolutionären proletarischen Kampf und die Tätigkeit der Kommunistischen Partei künstlerisch zu gestalten. Die marxistische Kritik unserer Tage sieht dieses Stück auch heute noch als den geglückten Versuch, die „Wahrheit des menschlichen Kollektivismus und der Klassensolidarität" in dichterischer Form zu beschreiben. Ob der „Mutter" mit dieser Interpretation Gerechtigkeit widerfährt, sei dahingestellt.
Wichtiger ist, daß dieses Stück Brechts der bislang konsequenteste Versuch des Stückeschreibers war, das Konzept des epischen Theaters mit lehrhaften Elementen zu ver-

binden und es so zu einem Stück der wirklichen künstlerischen Pädagogik zu machen.
„Das präzise und hochkomplizierte Instrument des Epischen Theaters erwies sich als vorzüglich geeignet, wesentliche Aspekte unseres schwer durchschaubaren Säkulums zu erhellen, insbesondere dessen perfekteste und extremste Erscheinungsform, den Totalitarismus. Die Ironie der Dialektik aber will es, daß Brecht aus eben den Gründen, die ihn zum Dichter des Totalitarismus werden ließen, als totalitärer Dichter nicht verwendbar ist. Das von ihm so gebenedeite Regime liebt es nämlich nicht, sein Getriebe allzu sehr dem durchdringenden Licht wissenschaftlicher Klarheit auszusetzen, sondern bevorzugt den freundlich verhüllenden Schimmer des schönen Scheins, es wünscht kein aufklärendes, sondern ein kulinarisches Theater... Dem Brechtschen Theater ist deshalb sein Platz genau angewiesen: nicht drinnen im Heiligtum, wo es wie ein Scheinwerfer in einer Atmosphäre von Kerzenlicht und Weihrauch wirkt, sondern draußen vor der Tür, wo es als weithin strahlende rote Laterne die neugierigen Pilger in den Bannkreis des neuen Gottes lockt." (Rühle, Theater und Revolution, S. 179 f.)
Ernst Schumacher meint, Brecht sei mit der „Mutter" der Durchbruch zum sozialistischen Realismus auf dem Theater gelungen. Das mag teilweise für dieses Stück zutreffen. Später allerdings ist Brechts Rückwendung zum Dichterischen, freilich mit deutlich marxistischen oder auch sozialistischen Zügen unverkennbar.
„Die Mutter" ist in der Tat ein Stück, das Brecht für die Kommunistische Partei oder genauer: für die kommunistische Sache geschrieben hatte. Er war der Ansicht, daß ein solches Stück der werktätigen Bevölkerung in Deutschland am Vorabend der nationalsozialistischen Machtergreifung nützen könnte. Denn niemals ging bei Brecht jenes aufklärische Element verloren, das ihn letztenendes aber der KP Zeit seines Lebens verdächtig machte.
„Die Mutter erzwang wirklich, als Entscheidung Brechts für den Sozialismus, die Entscheidung der Zuschauer, sie machte endgültig aller falschen Harmonie im Theater ein Ende, weil sie in ihren besten Partien ein Abbild der wirklichen gesellschaftlichen Kräfte gab und den positiven Helden der neuen Geschichte, den Arbeiter, in seiner

gesellschaftlichen Beziehung, das heißt Tätigkeit, zeigte." (Schumacher, S. 432)

Diese Wertung wird – so richtig sie für das eine Stück „Die Mutter" auch sein mag – durch Brechts weitere Dramen widerlegt. Insbesondere die großen, weltweit bekannten Stücke (Galilei, Mutter Courage, Der gute Mensch von Sezuan, Herr Puntila und sein Knecht Matti oder der Kaukasische Kreidekreis) gehören nicht in die Gattung des Sozialistischen Realismus. Es sind Werke, die den Sozialistischen Realismus bereits dichterisch, von der Allgemeingültigkeit her überwunden haben. „Die heilige Johanna der Schlachthöfe" steht zwischen beiden; ein Lehrstück des Übergangs mehr noch als „Die Mutter."

Die heilige Johanna der Schlachthöfe

Zur Entstehung des Stückes

Die Selbstzeugnisse Brechts zur „Johanna" sind nicht sehr reichhaltig. Aus seiner Berliner Vorkriegszeit ist bekannt, daß sich Brecht in den Jahren vor der Emigration mehr mit theoretischen Marxismusstudien und ihre Übertragung in die szenische Form der Lehrstücke befaßte als mit intensiveren Vorbereitungen für die Stücke wie „Johanna" oder auch „Die Mutter."

Bekannt ist indessen, daß sich Brecht etwa im Juni/Juli 1926 intensiver mit der Problematik der Börse zu beschäftigen begann. Bei den Vorarbeiten zum Stück „Joe Fleischhacker" sammelte Brecht Material über die Vorgänge an der Chicagoer Weizenbörse. Er begann, nationalökonomische Werke zu lesen; seine Mitarbeiterin Elisabeth Hauptmann befragte Börsenspezialisten in Wien und Breslau. Das Getreidebörsen-Stück wurde zwar nicht geschrieben, aber die Thematik faszinierte den Neomarxisten Brecht doch weiter.

„Joe Fleischhacker in Chicago" gehört als Fragment jedoch eindeutig in die geistige Ahnenreihe der „Johanna". Es war gewissermaßen der erste Versuch Brechts, die gesamte Problematik in lehrhafter Form auf die Bühne zu bringen. Auch der Versuch „Der Brotladen" aus dem Jahr 1929 muß in diesen Zusammenhang gestellt werden. Brecht schildert darin nämlich die andere Seite der Börsenspekulation, zum Beispiel wirtschaftliche Krisen und Arbeitslosigkeit mit dem Schauplatz Berlin.

Weiter ist bekannt, daß sich Brecht und Elisabeth Hauptmann seit 1927 intensiv mit der Heilsarmee beschäftigten. Vor allem Entstehung, Entwicklung und Struktur der Heilsarmee sowie die Praktiken dieser Organisation interessierten Brecht. Wie bei den Vorbereitungen für alle seine Stücke ging Brecht auch hier mit größter Akribie vor. Er sammelte alles verfügbare statistisches Material über die Heilsarmee, darunter auch, wie überliefert ist, die 1925 erschienene Festschrift „Sechzig Jahre Heilsarmee". Auch auf Versammlungen der Heilsarmee waren Brecht und Elisabeth Hauptmann wiederholt zu sehen.

Der erste künstlerische Ertrag dieser Studien war das 1929 geschriebene Stück „Happy End". Außerdem befindet sich im Ostberliner Brechtarchiv Material zu einem Stück mit dem projektierten Titel „Marie Andersen" – auch „Gut und Böse" betitelt; dieses Stück aus dem Milieu der Heilsarmee sollte in Hamburg spielen. Es wurde von Brecht jedoch nie vollendet.

„In beiden ist Johanna Dark in einem Heilsarmeemädchen vorgebildet, das den Armen aus echtem Mitleid helfen will und deshalb aus ihrer Organisation ausgestoßen wird, und in beiden geht es um die Verquickung von Religion und Geschäft. Doch bleiben sie im Gaunermilieu stecken, ohne die Durchschlagskraft der 'Dreigroschenoper' zu erreichen." (Brecht, Die heilige Johanna, S. 211 f.)

Brecht arbeitete an der „Johanna" knapp drei Jahre – freilich mit Unterbrechungen und mit mehreren Änderungen an den verschiedenen Fassungen. Insbesondere vollzog sich im Laufe der verschiedenen Stadien des Stückes eine Änderung von der zunächst konzipierten Milieustudie hin zu einem politischen Lehrstück. Dies dürfte, wie verschiedentlich zu Recht festgestellt wurde, vor allem eine Folge von Brechts Marxismus-Studien, aber auch der aktuellen zeitgeschichtlichen Situation während der Weltwirtschaftskrise gewesen sein.

An der „Johanna" arbeiteten mehrere Freunde und Kollegen Brechts mehr oder minder intensiv mit. Es sind dies neben Elisabeth Hauptmann vor allem Emil Burri, Hans Borchardt, Bernhard Reich und Walter Benjamin.

Es gibt keine Hinweise dafür, warum aus den ursprünglich konzipierten Heilsarmee-Mädchen Lillian Holliday oder Marie Andersen schließlich Johanna Dark wurde. Es gibt zwar einige Mutmaßungen dazu, aber keine gesicherten Aussagen Brechts. Gisela E. Bahr führt dies in ihrer Edition der „Johanna" auf den eher diskussionsbezogenen Arbeitsstil Brechts mit seinen damaligen Freunden zurück. Zugleich aber vertritt sie die durchaus glaubwürdige Ansicht, daß für Brecht die Jeanne d'Arc die 'Frau mit Mission' par excellence gewesen sei. Warum allerdings die eindeutigen Bezüge auf Schiller und andere Vertreter der deutschen Klassik gewählt wurden, geht aus dieser Untersuchung nicht schlüssig hervor.

Stiluntersuchungen sowie typographische Vergleiche der ursprünglichen Manuskripte haben ergeben, daß Brecht, Burri und Elisabeth Hauptmann zunächst gemeinsam an diesem Stück schrieben. Brecht fühlte sich, wie es heißt, in dieser Zeit allenfalls als der „primus inter pares". Später freilich korrigierte und redigierte Brecht die Texte der anderen in einer Weise, daß seine eigene stilistische Handschrift unverkennbar war. Umarbeitungen auch grundsätzlich inhaltlicher Art durch Brecht machten schließlich das Stück zu einer Arbeit, die ihm originär zugeschrieben werden darf. Gisela E. Bahr berichtet, daß Brecht mehrere Manuskripte des Stückes Elisabeth Hauptmann zu Weihnachten (vermutlich 1931) geschenkt habe. Dabei handelte es sich aber noch keineswegs um die endgültigen und vollständigen Szenentexte, sondern auch um Materialien, die für die gesamte Entstehungsgeschichte der „Johanna" von Bedeutung waren.
Im November 1932 soll das Drama als mimeographiertes Bühnenmanuskript dem Verlag Felix Bloch Erben in Berlin vorgelegen haben. Aber Brecht arbeitete noch weiter an dem Stück. Ebenfalls 1932 schuf er eine Kurzfassung der „Johanna" mit erläuternden Zwischentexten, die dann kurz darauf in einer einstündigen Sendung von der „Berliner Funkstunde" als Hörspiel ausgestrahlt wurde. Alle Versuche, die „Johanna" zur Aufführung an einem deutschen Theater unterzubringen, schlugen fehl. Erst am 30. April 1959, fast dreißig Jahre nach der Fertigstellung des Stückes, wurde es vom Deutschen Schauspielhaus in Hamburg in einer Inszenierung von Gustav Gründgens uraufgeführt. Das Bühnenbild schuf dabei Brechts langjähriger Weggenosse Caspar Neher, die Rolle der Johanna Dark spielte Brechts Tochter Hanne Hiob.
Aber zurück zur Entstehungsgeschichte der „Johanna". Die Rundfunkausstrahlung hinterließ bei den Zuhörern ein recht zwiespältiges Echo, was nicht zuletzt auf die Interpretation zurückzuführen war. Vor allem Fritz Kortner betonte nach Berichten von Zeitgenossen das parodistische Element – bei den Versmaßen – so sehr, daß der aktuelle Inhalt und das Anliegen Brechts keineswegs allgemein verstanden wurden. Möglicherweise geht darauf auch die Zurückhaltung der deutschen Bühnen gegen Brechts neues Stück zurück. Dabei darf allerdings auch nicht vergessen werden, daß

gerade bei der „Johanna" und bei Brechts nicht immer gerade leicht zu verstehenden Texten das optische Element des Theatererlebnisses dem Stück viel mehr zugute kommt als die nur akustische Darbietung. Brechts Stücke sind nicht als Hörspiele gedacht, und ihre Umgestaltung zu Hörspielen kann kaum gelingen. Die einzige Ausnahme ist vielleicht „Das Verhör des Lukullus", das ohnehin als Hörspiel angelegt war.

Entscheidend für die Entstehung der „Johanna" waren Brechts weitere Marxismus-Studien. Die Vorlesungen an der Marxistischen Arbeiterschule in Berlin – etwa von Hermann Duncker – vermittelten ihm die Einsichten, die seiner Ansicht nach für die Behandlung der Börsen-Problematik – und damit des Themas Kapitalismus schlechthin – notwendig erschienen. Immer mehr wurde für Brecht die „Heilige Johanna der Schlachthöfe" zum Gegenstand des Versuchs, für ihn offenkundige und aktuelle Erscheinungsformen der kapitalistischen Gesellschaftsordnung in eine literarische Gestalt zu bringen. Der Titel des Stückes ist überdies keineswegs zufällig so gewählt worden. Im Jahr 1931 wurde in der katholischen Welt der 500. Wiederkehr des Geburtstages von Jeanne d'Arc, der Jungfrau von Orleans, gedacht. Sie galt und gilt als das Symbol für die nationale Befreiung und Unabhängigkeit Frankreichs.

Die Geschichte des Bauernmädchens von Domremy hat nicht zuletzt die literarische Welt immer wieder fasziniert. Jeanne, von den Bürgern des 15. Jahrhunderts als Symbolfigur des Kampfes gegen Feudalismus und Unterdrückung gefeiert, wurde von den Engländern schließlich mit Einverständnis der katholischen Kirche als Ketzerin verbrannt. 1456 wurde Jeanne d'Arc in einem neuen Prozeß für unschuldig befunden, 1920 wurde sie von der katholischen Kirche zur Ehre der Altäre erhoben.

Die Fabel der Jeanne war der Ausgangspunkt für Bertolt Brecht. Ihn hatte die Idee ergriffen, die Geschichte der Johanna in die Welt des Jahres 1930/31 zu übertragen.

Aber die Schwierigkeiten dieses Versuchs lagen auf der Hand. Ernst Schumacher schreibt: „Mit einer bloßen Historisierung konnte nicht gedient sein, nachdem sowohl France als auch Shaw einer materialistischen Darstellung zumindestens nahegekommen waren. Die neue Johanna unseres Jahrhunderts konnte, falls die Übertragung des Stoffes versucht wurde, nicht mehr wegen Verletzung der Prinzipien des Feudalismus und des Katholizismus, sondern der charakteristischen Struktur der Gesellschaft des Kapitalismus, zu Fall kommen. Johanna mußte als gutgläubiges, enthusiastisches Werkzeug des Kapitalismus dargestellt werden, das, wie die geschichtliche Johanna vom Königtum, von ihm fallengelassen wird, wenn sie ihre Funktion erfüllt hat. Und wie Johanna sich für das nationale Königtum im Auftrag und im Namen Gottes einsetzte, um sowohl von dem König wie von der Kirche und ihren Stimmen verlassen zu werden, so mußte es in unserem Jahrhundert zweckmäßig erscheinen, sie im Kampf für den nichtbegriffenen Kapitalismus ebenfalls im Namen der Religion und des lieben Gottes auftreten zu lassen. Der Schluß konnte allerdings nicht in einer bewußtlosen Aufopferung liegen. Eine konsequente Parteilichkeit verlangte mindestens eine Einsicht Johannas, daß sie einer verkehrten Sache gedient habe, daß der Kapitalismus nicht religiös zu reformieren, sondern nur mit Gewalt zu stürzen sei." (Schumacher, S. 439)

Im katastrophalen Winter des Jahres 1931 auf 1932 war in Berlin jeder Dritte arbeitslos. Dies war für Brecht und seine Mitarbeiter der szenische Hintergrund, auf dem sie auch vieles Atmosphärische für das geplante Stück finden konnten. Sie besuchten die Suppenküchen, die Meldestellen, die Anwerbelokale und eben nicht zuletzt des öfteren das Hauptquartier der Heilsarmee. Brecht fand bei seinen Recherchen heraus, daß die Heilsarmee keineswegs eine arme Organisation war, sondern daß sie vor allem aus den Vereinigten Staaten recht tatkräftig finanziell unterstützt wurde. Religiöser Reformismus als Antriebskraft für die Taten der Johanna, dargestellt in der unwirtlichen Umgebung des Kapitalismus; dies war Brechts Grundidee bei der Konzipierung der „Johanna". Schumacher scheint allerdings über das Ziel hinauszuschießen, wenn er die Heilsarmee als die „vollkommen säkularisierte, ihrem Wesen nach restlos utilitaristische, im Dienste des Monopolkapitalismus stehende Reformbewegung" bezeichnet.

Interessant ist schließlich noch, daß Brecht trotz der intensiven Berliner Studien des Milieus den Ort der Handlung schließlich nach Chicago in die Vereinigten Staaten verlegte. Wahrscheinlich erschienen Brecht Chicago und damit

die USA als das klassische Zentrum des Kapitalismus, jenes verhaßten Kapitalismus, den es zu bekämpfen und im Interesse der notwendigen Veränderung der Welt zu beseitigen galt. Auf der anderen Seite wurde mehrfach darauf hingewiesen, daß die Wahl des Schauplatzes ein Mittel der Brechtschen Verfremdung sei, mit dem er dem deutschen Zuschauer zwar die grundsätzliche Problematik vorführen wollte, diese aber andererseits aus allen aktuellen Bezügen des Ortes heraushalten wollte.
In seinem dänischen Exil hat Brecht die „Johanna" später anläßlich einer Buchedition noch einmal überarbeitet. Dabei verstärkte er gegenüber der Urfassung vor allem die politischen Akzente des Stückes. Verschiedene Szenen wurden noch einmal umgestellt. Inzwischen gibt es eine Reihe von „Johanna"-Ausgaben, an denen sich diese letzten Änderungen Brechts nachweisen und feststellen lassen. Vor allem der von Gisela E. Bahr herausgegebene Band „Bertolt Brecht, Die heilige Johanna der Schlachthöfe – Bühnenfassung, Fragmente, Varianten" bietet reichhaltiges Material für die weitere Beschäftigung mit speziell diesem Stück.

Die Handlung

„Von seinen New Yorker Börsenfreunden beraten, verkauft Chicagos Fleischkönig Mauler das Geschäft an seinen Kompagnon unter der Bedingung, den Bankrott des gefährlichsten Konkurrenten herbeizuführen. Die 'Schwarzen Strohhüte' der Heilsarmee unter ihrem Leutnant Johanna Dark können das wachsende Elend der ausgesperrten Arbeiter nicht mit Suppen, Gesängen und Reden aufhalten. Johanna wendet sich an Mauler um Hilfe. Er will ihr beweisen, daß die Armen durch ihre Schlechtigkeit ihr Unglück selbst verschulden, aber Johanna erkennt auf dem Schlachthof den Grund für diese Schlechtigkeit: die Armut. Sie zieht mit den Schwarzen Strohhüten in die Viehbörse, um Ordnung zu schaffen. Scheinbar gelingt ihr das, aber Mauler hat den Markt nur gerettet, weil seine New Yorker Freunde ihm inzwischen wieder den Fleischkauf empfohlen haben. Johanna, überall wegen ihrer erfolgreichen Ver-

mittlung gerühmt, begreift zu spät, daß Maulers erneuerte Monopolstellung die Not in kurzer Zeit vergrößern muß. Nun bietet sie den Arbeitslosen ihre rückhaltlose Unterstützung an; doch als der Generalstreik mit dem Aufruf zur Gewalt vorbereitet wird, verrät sie – Opfer falscher Informationen und Anhängerin der Gewaltlosigkeit – ihre Verbündeten. Der Streik wird niedergeschlagen, Sieger ist Mauler. Unter der Last ihrer Schuld bricht Johanna zusammen. Um die Verbreitung ihrer Erfahrungen und Einsichten zu verhindern, beschließen die Fleischhändler, die Sterbende, die den Unterdrückern so gelegen kam, als Märtyrerin der Mildtätigkeit zu kanonisieren." (Kluge/Radler, Deutsche Literatur, S. 434)
Dies ist, kurz zusammengefaßt, der Inhalt der „Johanna". Das Stück beginnt vor einem Prospekt, der Chicagos Schlachthöfe zeigt. Pierpont Mauler, der Fleischkönig und Herr der Schlachthöfe, liest einen Brief seiner New Yorker Geschäftsfreunde, in dem ihm geraten wird, wegen der schlechten Situation auf dem Fleischmarkt in nächster Zeit „die Hand vom Fleischhandel zu lassen". Bei dieser Gelegenheit begegnet ihm sein Kompagnon Cridle, dem Maulers schlechte Laune auffällt. Aber Mauler sagt nichts von den schlechten Nachrichten, sondern spricht in großer Pose:

„Erinnere, Cridle, dich, wie wir vor Tagen –
Wir gingen durch den Schlachthof, Abend war's –
An unserer neuen Packmaschine standen
Erinnere, Cridle, dich an jenen Ochsen
Der blond und groß und stumpf zum Himmel blickend
Den Streich empfing, mir war's als gelt er mir.
Ach, Cridle, ach, unser Geschäft ist blutig."

Er wollte, so Mauler, das Geschäft aufgeben, weil er es seelisch nicht mehr durchstehen könne. Mauler schlägt daher – im Bewußtsein der miserablen Marktlage natürlich – Cridle vor, er solle seinen Anteil am Geschäft für nur zehn Millionen Dollar übernehmen. Zugleich gibt Mauler dem Cridle Hinweise, wie er den Konkurrenten Lennox aus dem Geschäft bringen, „kaputtmachen" könne. Cridle verlangt von Mauler, daß vor ihrem Geschäft Lennox fallen müsse, dann nehme er an.

Die nächste Szene zeigt den „Zusammenbruch der großen Fleischfabriken". Vor den geschlossenen Toren der Lennox'schen Fleischfabriken stehen die Arbeiter, die über sinkende Löhne und zu viel Arbeit klagen. Die Arbeiter erfahren schließlich, daß die Fabrik geschlossen bleibt, weil Lennox im Konkurrenzkampf mit Mauler unterlegen ist. Mauler hat in dieser Szene einen kurzen Auftritt; er wird gezeigt, wie er zur Eröffnung der „P. Maulerschen Krankenhäuser" geht, einer großen und teuren Hospitalanlage. Mauler, der Menschenfreund also.

In der nächsten Szene tritt Johanna auf. In der Regieanweisung heißt es: „Um dem Jammer der Schlachthöfe Trost zu spenden, verlassen die Schwarzen Strohhüte ihr Missionshaus. Johannas erster Gang in die Tiefe."
Dabei hat Johanna gleich einen großen Auftritt:

„In finsterer Zeit blutiger Verwirrung
Verordneter Unterordnung
Planmäßiger Willkür
Entmenschter Menschheit
Wo nicht mehr aufhören wollen in unseren Städten die Unruhen
In solche Welt, gleichend einem Schlachthaus
Herbeigerufen durch das Gerücht drohender Gewalttat
Damit nicht rohe Gewalt des kurzsichtigen Volkes
Zerschlag das eigene Handwerkszeug und
Zertrample den eigenen Brotkorb
Wollen wir wieder einführen
Gott.
Wenig berühmt nur mehr
Fast schon berüchtigt
Nicht mehr zugelassen
An den Stätten des wirklichen Lebens:
Aber die einzige Rettung!
Drum haben wir uns entschlossen
Für ihn die Trommel zu rühren
Auf daß er Fuß fasse in den Quartieren des Elends
Und seine Stimme erschalle auf den Schlachthöfen."

Und zu ihren Schwarzen Strohhüten gerichtet gibt Johanna das Motto aus:

„Und dies unser Unternehmen ist sicher
Das letzte seiner Art. Letzter Versuch also
Ihn noch einmal aufzurichten in zerfallender Welt und zwar
Unter den Untersten."

Aber die Arbeit der Schwarzen Strohhüte blieb an diesem Tag weitgehend ohne Erfolg. Am Abend stehen die Arbeiter immer noch unmutig vor der Lennox'schen Fleischfabrik und sehen auf die erleuchteten Fenster des Kontors: „Da rechnen sie den Profit aus."
Johanna und ihre Helfer, die „Soldaten des lieben Gottes", verteilen Suppe und fromme Traktate. Sie versucht den Arbeitern klarzumachen, daß es Größeres und Höheres gebe als ihre kleinen Gelüste. Johanna muß freilich merken, daß ihr Trost in dieser Situation nicht ankommt. Die Arbeiter interessieren sich nicht dafür, sie versuchen nur einen frei werdenden Arbeitsplatz zu erkämpfen. Johanna will schließlich wissen, worauf die Not der Arbeiter beruhe und wer daran Schuld sei. Als sie erfährt, daß der Konkurrenzkampf zwischen Mauler und Lennox die Ursache allen Übels ist, beschließt sie, zu Mauler zu gehen, „denn ich muß es wissen."
Die folgende Szene spielt vor der Viehbörse. Lennox, wie es heißt „kalkweiß", erkennt, daß er von Mauler erledigt worden ist. Cridle wiederum macht bereits Pläne, wie er durch Rationalisierung Lohn einsparen und mehr Verdienst machen kann. Mauler meint, er habe jetzt seine Verpflichtung erfüllt – nämlich Lennox zu erledigen – und verlangt von Cridle die abgemachten zehn Millionen Dollar. Cridle aber beginnt wieder zu handeln, verweist auf die schlechte Marktlage und fordert von Mauler, von seinen zehn Millionen herunterzugehen. Er begreife jetzt auch, meint Cridle, warum Mauler kürzlich keinen Ochsen mehr habe sterben sehen können: „weil ihr Fleisch nicht mehr verkauft wird!" Mauler streitet dies nachdrücklich ab. In dieser Szene kämpfen die Fleischkönige mit allen Mitteln der geschäftlichen Cleverness jeder gegen jeden, jeder allein auf seinen Vorteil bedacht und ohne Rücksichten auf persönliche Gefühle.
Sodann trifft Johanna auf den gerissenen Mauler. Dieser erkundigt sich nach der Arbeit der Schwarzen Strohhüte

und ist hoch überrascht, daß sie wenig Verdienst haben. Johanna aber beharrt immer wieder auf ihrer Frage, warum Mauler die Fabriken geschlossen und die Arbeiter ohne Broterwerb gemacht habe. Mauler, der „Philanthrop", will Johanna zeigen, daß er durchaus ein Herz für die Armen habe und die Schließung der Fabriken nur geschäftliche Gründe habe. Er gibt ihr Geld für die Armen, das er freilich kurz vorher den anderen Anwesenden abgenommen hatte. Mauler bekundet noch einmal Interesse an Johannas Arbeit und gibt dann Slift, seinem Makler, den Auftrag, Johanna noch etwas Geld zu geben. Gleichzeitig weist er Slift an, Johanna zu zeigen, daß die Armen an ihrem Schicksal selbst schuld seien, weil sie böse und schlecht seien.
Johanna ist von Mauler durchaus beeindruckt: „Aber das ist kein schlechter Mensch, das ist der erste, den unsere Trommeln aufscheuchen aus dem Gestrüpp der Niederträchtigkeit und der den Ruf vernimmt." Dies ist zugleich das Ende des ersten Aktes.

In der nächsten Szene zeigt Slift in den Schlachthöfen Johanna die Schlechtigkeit der Armen, um damit Maulers Verhalten zu erklären. Slift:

„Jetzt Johanna, will ich dir zeigen
Wie schlecht die sind
Mit denen du Mitleid hast und
Daß es nicht am Platze ist."

Slift und Johanna werden dabei Zeugen eines Gesprächs. Daraus ist zu ersehen, daß vor einigen Tagen ein Arbeiter in einen Sudkessel gefallen war und, weil die Maschinen nicht so schnell abgestellt werden konnten, zusätzlich in die Blattspeck-Fabrikation geriet. Sein Rock und seine Mütze müssen verschwinden, damit die Angelegenheit vertuscht werden kann. Ein junger Bursche, der die Kleider verbrennen sollte, nahm die Sachen jedoch an sich, weil er sie brauchen konnte. Johanna wird dabei übel. Slift aber stellt den Burschen und zwingt ihn, für einen Dollar und ein Mittagessen der Frau des Verunglückten die Wahrheit zu sagen. „Das ist die Welt, wie sie ist", meint Slift zu Johanna. Slift erpreßt dann die Frau des Toten, sie solle alle Nachforschungen nach ihrem Mann einstellen und sie

werde dafür drei Wochen lang in der Kantine ein kostenloses Mittagessen erhalten.
Aber die Frau will sich nicht einschüchtern lassen, sie will ihren Mann wiederhaben. Johanna glaubt, daß sie hart bleiben wird, muß sich aber bald eines anderen belehren lassen. Slift zeigt Johanna weiter die Schlechtigkeit der Arbeiter, so in der Gestalt des Gloomb, der mit seinem Vorarbeiter handgreiflich abrechnen will, weil er durch dessen Antreibereien seine Hand in der Blechschneidemaschine verstümmelt habe. Slift „meistert" auch diese Szene. Er verspricht Gloomb einen leichteren Arbeitsplatz, wenn er Johanna die Vorteile des ungesicherten Arbeitsplatzes an der Blechschneidemaschine klarmachen könne. Und gegen seine eigene vorherige Überzeugung preist Gloomb den Platz an der Schneidemaschine: „Das ist alles nicht wahr. Sie werden erstaunt sein, wie angenehm die Arbeit ist. Sie werden sich an den Kopf greifen und sich fragen, wie können die Leute nur so lächerliche Geschichten über diese Maschine erzählen." Slift lacht und führt die verwirrte Johanna weiter; alles ist so gekommen, wie Mauler und er es prophezeit hatten.
In der Kantine erfährt die Frau des Verunglückten, daß ihr Mann in den Sudkessel gefallen ist. Ihr wird beim Essen schlecht, aber noch im Hinausgehen sagt sie dem Kellner: „Lassen sie den Teller stehen. Ich komme zurück. Ich komme jeden Mittag hierher . . . " Und Slift:
„Drei Wochen lang wird sie kommen und fressen, ohne aufzusehen wie ein Tier . . . Hast du gesehen, Johanna, daß ihre Schlechtigkeit ohne Maß ist."
Aber Johanna hat jetzt erkannt, wie Slift und Mauler die Menschen manipulieren können:

„Wie aber beherrschest du
Ihre Schlechtigkeit! Wie nützt ihr sie aus!
Siehst du nicht, daß es auf ihre Schlechtigkeit regnet?
Sicherlich gern hätte sie doch
Treue gehalten ihrem Mann wie andere auch
Und nach ihm gefragt, der ihr Unterhalt gab eine Zeitlang noch wie es sich gehört.
Aber der Preis war zu hoch, der zwanzig Essen betrug
Und hätte
Der junge Mensch, auf den

Sich jeder Schurke verlassen kann
Der Frau des Toten Rock gezeigt
Wenn es nach ihm gegangen wär?
Aber der Preis erschien ihm zu hoch
Und warum sollte der Mann mit dem einen Arm
Nicht mich warnen? Wenn nicht der Preis
So kleiner Rücksicht für ihn so hoch wär?
Sondern verkaufen den Zorn, der gerecht ist, aber zu teuer?
Ist ihre Schlechtigkeit ohne Maß, so ist's
Ihre Armut auch. Nicht der Armen Schlechtigkeit
Hast du mir gezeigt, sondern
Der Armen Armut. – Zeigtet ihr mir der Armen Schlechtigkeit
So zeig ich euch der schlechten Armen Leid.
Verkommenheit, voreiliges Gerücht!
Sei widerlegt durch ihr elend Gesicht!"

In der nächsten Szene stellt Johanna der Viehbörse die Armen vor. Zunächst beherrschen Packherren, Aufkäufer, Viehzüchter und kleine Spekulanten das Geschehen. Mauler tritt auf und erweist sich als gekonnter und listenreicher Spekulant. Vor allem aber ist er entschlossen, jetzt auch Cridle zu vernichten. Mauler hat durch geheime Viehverkäufe die Preise an der Börse weiter gedrückt, besteht aber auf der Einhaltung der zwischen ihm und Cridle ausgemachten Verkaufssumme. Durch einen gewaltigen Kurssturz am Effektenmarkt gerät der gesamte Fleischring in den Abgrund, den in seine Hände zu bekommen Maulers einziges Ziel ist. Denn immer noch hat Mauler die Exklusiv-Informationen seiner New Yorker Freunde in der Hinterhand. Slift sagt nämlich:

„Lachen möcht ich, wenn die jetzt wirklich in New York
die Zölle kleinkriegten, den Süden uns aufschlössen
und machten so ein Ding wie eine Hausse und
wir wären nicht eingestiegen!"

In diesem turbulente Hin- und Her, in all der Hektik der Börse und in dem Tumult der sich anbahnenden Katastrophe erscheint wiederum Johanna mit ihren Schwarzen Strohhüten und predigt den Anwesenden ihre moralischen Vorstellungen. Sie rechnet vor allem Mauler vor, daß er ein böses Spiel treibe, daß er die Viehpreise in die Höhe treibe, ohne daß es dafür wirklich eine Notwendigkeit gebe und daß er dies alles vor allem tue, ohne an diejenigen zu denken, die billiges Fleisch brauchen und die hohen Preise nicht bezahlen können. Ganz besonders aber rechnet Johanna den Börsenleuten vor, daß die Moral der armen Leute nur eine Folge ihrer Lebensverhältnisse sein könne:

„... Woher sollen sie denn eine Moral haben, wenn sie sonst nichts haben? Ja, woher nehmen und nicht stehlen? Meine Herren, es gibt auch eine moralische Kaufkraft. Heben sie die moralische Kaufkraft, dann haben sie auch die Moral ..."

Aber alle Versuche Johannas, das Gewissen der Börsenjobber zu erweichen, mißlingen. Da greift sie zu dem quasi letzten Mittel, indem sie den Börsenleuten die Armen zeigt, die sie mitgebracht hat. Die Großen sollen einmal mit eigenen Augen das ganze Elend und das Leid der Armen sehen. Mauler fällt sogleich in Ohnmacht und Johanna stellt unerbittlich fest:

„Zeigtest du, Mauler, mir der Armen
Schlechtigkeit, so zeige ich dir
Der Armen Armut, denn von euch entfernt
Und damit entfernt von Gütern, unentbehrlichem
Leben, nicht sichtbar mehr, solche, die ihr
In solcher Armut haltet, so geschwächt und so dringlicher
Abhängigkeit von unerreichbarer Speis und Wärm, daß sie
Gleichermaßen entfernt sein können von jedem Anspruch
Auf Höheres als gemeinste Freßgier, tierischste Gewöhnung."

Mauler, der dies alles nicht sehen kann und mag, reagiert bei seinem Aufwachen aus der Ohnmacht mit den Worten: „Ich bitt euch, tut sie weg." Und dann, offenbar von der Dramatik dieses Augenblicks ergriffen, verspricht Mauler:

„Ich bitt' euch, tut sie weg. Ich kauf!
Ihr alle hört: Pierpont Mauler kauft!
Daß diese Arbeit haben und entfernt sind.
Was in acht Wochen ihr an Fleischbüchsen herstellt:
Ich kauf's."

Maulers Komödie gelingt restlos. Er übernimmt zum Tagespreis von „fünfzig" die gesamten Lagerbestände des Fleischrings. Darüberhinaus übernimmt er von diesem Tage an die gesamte Produktion von zwei Monaten, ebenfalls zum Preis von fünfzig. Pierpont Mauler ist der große Mann. Er stützt nach Auffassung aller den Fleischmarkt, besorgt Arbeitsplätze. Die meisten glauben, Mauler habe sich da in eine hoffnungslose Sache verrannt, aus Sentimentalität und Schwäche. Selbst Johanna fällt auf das Manöver herein:

„Wißt, auf den Mauler
Hab ich ein Aug, der ist erwacht, und ihr
Wenn ihr was braucht zu eurer Notdurft
So kommt mit mir, daß er auch euch aufhilft
Denn nunmehr soll er nicht mehr zur Ruhe kommen
Bis allen geholfen ist.
Denn der kann helfen und drum
Ihm nach."

Damit endet der zweie Akt. Die folgende Szene ist mit „Der Grillenfang" betitelt. Sie spielt im Haus des Maklers Slift. Mauler bleibt bei seiner Komödie, selbst Slift gegenüber. Er tut so, als sei er bei seiner Kaufzusage nicht bei Sinnen gewesen. Auch Slift glaubt, Mauler habe einen verhängnisvollen Fehler begangen, weil nach aller Wahrscheinlichkeit der Fleischpreis in den nächsten Wochen und Monaten zwangsläufig fallen muß. Mauler wäre dann erledigt, so wie er es mit Lennox und Cridle geplant hatte. Mauler läßt Slift zunächst bei diesem Glauben. Dann stellt Slift die Frage, was denn Maulers Freunde in New York raten. Und da gibt Mauler zu, daß ihm geraten werde, Fleisch zu kaufen. Slift erfährt, „solvente Leute" in New York würden durch Bestechung dafür sorgen, daß die Zollmauern nach dem Süden fallen. Damit käme es zu einem großen Fleischboom. Aber Mauler denkt noch weiter.

Slift weist zwar darauf hin, daß das viele Vieh der Farmer die Preise wiederum sinken lassen müsse, aber Mauler erkennt, daß Aufkaufen von den Viehhändlern seine große Chance ist.
Mauler spielt sein menschenfreundliches Spiel weiter. Als er von den Viehhändlern aufgefordert wird, das Vieh möglichst aufzukaufen – sie kennen ja seine Informationen nicht – entschließt er sich, nach Zögern und Bedenken, mit großen Worten:

„Um Illinois zu retten und den Untergang der Farmer und Viehzüchter abzuwenden, hat sich Pierpont Mauler entschlossen, alles Vieh aufzukaufen, das auf dem Markt steht.“

Das klingt großartig, und auch Johanna fällt auf den Schwindel herein:

„Sagen Sie dem Herrn Mauler, daß wir, die Schwarzen Strohhüte, ihm im Namen Gottes dafür danken.“

Die nächste Szene ist mit dem an die Bibel erinnernden Wort „Die Austreibung der Händler aus dem Tempel“ überschrieben. Das ist natürlich kein Zufall, wie sich aus verschiedenen anderen Anklängen solcher Art noch ersehen läßt.
Die Handlung spielt im Heim der Schwarzen Strohhüte. Dabei kommt es zu einer Diskussion, warum die Schlachthöfe immer noch geschlossen sind, obwohl Mauler Aufträge gegeben hat. Unter den Anwesenden sind auch einige Packherren, die zum Teil Maulers Taktik bereits durchschauen. Einer von ihnen meint:

„'s ist eine Sau da, die alles aufkauft.
Und die gut weiß, daß wir verpflichtet sind
Kontraktlich abzuliefern Fleisch in Büchsen
Und also Vieh brauchen.“

Snyder von den Schwarzen Strohhüten macht darauf aufmerksam, daß etwa 50-tausend Arbeiter ohne Beschäftigung auf den Schlachthöfen herumstehen und vielleicht alsbald zur Gewalt greifen könnten, wenn nichts geschehe. Snyder

läßt auch keinen Zweifel daran, daß die Organisation durchaus etwas tun könne im Sinne der Besitzenden, wenn sie dafür ein entsprechendes Entgelt erhalten würde. Die Packherren fordern dann Johanna auf, ihren Einfluß bei Mauler geltend zu machen, er solle nicht das Vieh vom Markt abziehen, weil sie ihren Vertrag ansonsten nicht erfüllen könnten. Sie bieten für diesen „Vermittlerdienst" eine stattliche Unterstützung für die Schwarzen Strohhüte an.
Johanna aber ist zunächst einmal empört darüber, daß die Arbeitslosen trotz der scheinbar positiven Wendung immer noch ohne Arbeit sind.
Johanna kommt wegen ihrer Kompromißlosigkeit mit Snyder in Konflikt: nachdem sie die Packherren wegen deren moralischer Einstellung aus dem Haus der Schwarzen Strohhüte gejagt hatte, muß sie ihren Uniformrock ausziehen und ebenfalls das Haus verlassen. Sie geht zu Mauler, den sie für von Grund auf bekehrt betrachtet. Snyder verabschiedet Johanna mit den programmatischen Worten:

„Arme Unwissende!
Was du nicht siehst: aufgebaut
In riesigen Kadern stehn sich gegenüber
Arbeitgeber und Arbeitnehmer
Kämpfende Fronten: unversöhnlich.
Laufe herum zwischen ihnen, Versöhnlerin und Vermittlerin
Nütze keiner und gehe zugrunde."

Die nächste Szene spielt in Maulers Kontor. Brecht überschreibt sie: „Pierpont Maulers Rede über die Unentbehrlichkeit des Kapitalismus und der Religion."
Johanna teilt Mauler mit, daß sie von den Schwarzen Strohhüten entlassen worden sei und nun die Zeit habe, sich mehr um ihn zu kümmern. Sie verlangt auch gleich, daß die Arbeiter alsbald wieder beschäftigt werden. Mauler versucht, Johanna das System klarzumachen, in dem er steht und das er als das einzig funktionierende betrachtet. Aus einer gewissen Sympathie zu Johanna will er ihr den Mietzins für das Haus der Schwarzen Strohhüte für die Zeit von vier Jahren geben. Aber Johanna will nicht zurück zu den Schwarzen Strohhüten, sondern sie will zu den von

ihnen umsorgten Arbeitern vor den Toren der Schlachthöfe gehen.
Danach wechselt die Handlung wieder in die Gegend der Schlachthöfe. Johanna berichtet Gloomb und der Frau Luckerniddle (der Frau des ums Leben gekommenen Arbeiters) von einen Traum, in dem die Masse der Arbeiter mit ihr an der Spitze sich über Chicago ausbreiten. Johanna zieht daraus die Konsequenzen, daß am nächsten Tag mit einer Aktion begonnen werden sollte.
An der Viehbörse trifft inzwischen die Nachricht ein, daß die Zollschranken zum Süden gefallen sind und daß jetzt Vieh in großen Massen notwendig wird. Die Viehzüchter klagen:

„Wehe, das Zollgesetz gefallen, und wir
Haben kein Vieh zu verkaufen! Es ist schon verkauft
Zu niederem Preis!"

Maulers Stunde kommt näher:

„Weil also Vieh gefragt wird
In Büchsen zu annehmbarem Preis
Forder ich euch auf, mir jetzt das Büchsenfleisch
Das ich vertraglich von euch kriegen muß
Schnell auszuliefern.

Zum alten Preis, fordert Mauler natürlich, und achttausend Zentner, „wenn ich mich recht erinnere an einen Augenblick, wo ich nicht bei mir war."
Bei den Packherren herrscht Ratlosigkeit, wo sie jetzt, bei schnell steigenden Preisen, das Vieh herbekommen sollen. Mauler sagt ihnen, daß es Vieh genug gebe, ein bißchen teuer zwar, aber immerhin zu bekommen. Jetzt erst begreifen die Packherren, daß es Mauler ist, der alles Vieh zum Verkauf bereithält. Daß sie also ihm, der das Vieh so billig eingekauft hat, jetzt hohe Preise für den Rückkauf zahlen müssen. Maulers Triumph ist vollständig:

„So Graham, jetzt verlang ich deine Büchsen!
Du kannst dich selbst hineinstopfen.
Ich will euch das Fleischgeschäft lehren, ihr
Kaufleute! Von jetzt an wird jede Klaue, jedes Kalb

Von hier bis Illinois an mich bezahlt und gut bezahlt
Und so biet ich also fünfhundert Ochsen an fürs erste
für sechsundfünfzig."

Die Lage in den Schlachthöfen und an der Börse spitzt sich zu, nicht zuletzt deswegen, weil die Arbeiter immer noch nicht an ihre Arbeitsplätze zurückkehren konnten. Ein Arbeiterführer empfiehlt Gewalt, wenn alle Arbeiter zu den früheren Bedingungen wieder in die Schlachthöfe zurückkehren wollen. Der Generalstreik wird verabredet, Gas-, Wasser- und Elektrizitätswerke wollen sich anschließen. Zur Abstimmung der Aktion müssen Informationen überbracht werden. Johanna ist bereit, einen solchen Brief zu übermitteln, aber keineswegs alle Arbeiter vertrauen ihr. Manche glauben, sie sei in Wahrheit ein Spitzel. Aber es gelingt Johanna schließlich, die Arbeiter von der Ehrlichkeit ihrer Absichten zu überzeugen.
An der Börse treibt Mauler die Preise unterdessen immer höher. Die Polizei beginnt, die Schlachthöfe zu räumen, die ersten Schüsse fallen. Die Arbeiter und auch Johanna beschwören sich gegenseitig, nicht auseinanderzulaufen, sondern zusammenzustehen. Die Arbeiter:

„. . . Wohin immer das Elend steigt
Sie werden nicht aufmachen
Nicht, vor ihr Profit steigt.
Ihre Antwort wird kommen
Aus Kanonen und Maschinengewehren.
Helfen können nur wir selber uns
Anrufen können wir nur
Unseresgleichen."

Kurze Zeit später berichten die Zeitungsleute, daß Mauler jetzt Vieh „ablasse". Johanna reagiert wiederum sehr gefühlsbetont:

„Angesprochen als Mensch
Hat er menschlich geantwortet. Es gibt
Also Güte."

Aber es kehrt keineswegs Frieden ein. In der Ferne hört man Maschinengewehre rattern. Es kommt offenbar zu bewaffneten Auseinandersetzungen. Dabei gerät Johanna nun in einen Konflikt, wie sie sich verhalten soll. Sie ist gegen die Gewalt, auch wenn sie zur Durchsetzung eines guten Zieles dient.

> „Ich will weggehn. Es kann nicht gut sein, was mit Gewalt gemacht wird. Ich gehör nicht zu ihnen. Hätten mich als Kind der Tritt des Elends und der Hunger Gewalt gelehrt, würde ich zu ihnen gehören und nicht fragen. So aber muß ich weggehen."

In dieser konkreten Entscheidungssituation geht Johanna in der Tat weg, sie übergibt nicht den Brief an die drei Arbeiter.
Unterdessen erfährt Mauler, daß die Spekulation mit dem aufgekauften Vieh danebengegangen ist. Die Börse ist praktisch zusammengebrochen: auch zu niedrigsten Preisen wird kein Vieh mehr verkauft. Johanna irrt durch die kalten Schlachthöfe, gibt aber den ihr anvertrauten Brief nach wie vor nicht weiter, weil darin Gewalt gepredigt werde. Johanna erfährt, daß die Schlachthöfe nicht aufgemacht würden, weil nun Mauler ruiniert sei. Der Generalstreik wurde für den nächsten Tag ausgerufen, aber nicht alle Arbeiter wissen davon, weil offenbar ein Teil der Boten versagt hatte. Johanna erkennt in diesen Äußerungen schwere Vorwürfe für ihr Versagen. Sie hört Stimmen, die sie zunehmend quälen. Sie erkennt ihre eigene Schwäche, die vor Hunger, Schnee und Kälte in den Schlachthöfen kapituliert hatte.
Bei den Schwarzen Strohhüten übt Pierpont Mauler inzwischen Reue:

> „Ich klage mich an der Ausbeutung,
> Mißbrauchs der Gewalt, Enteignung aller
> Im Namen des Eigentums. Sieben Tage hielt ich
> Diese Stadt Chicago am Hals
> Bis sie verreckt war."

In dieser Stunde erreicht Mauler ein weiteres Schreiben seiner New Yorker Freunde. Sie raten ihm, ein Abkommen mit den Viehzüchtern zu treffen und das Vieh in seiner Menge zu beschränken. So könne der Preis wieder stabilisiert werden. In ihrer Not sind die Packherren bereit, jeden Vorschlag Maulers, noch dazu, wenn er von Wall-Street ausgeht, anzunehmen. Noch einmal sieht Mauler seine Stunde gekommen; sofort ist er willens, aus dieser für ihn scheinbar ausweglosen Situation das Beste zu machen. Die Packherren buhlen um Maulers Gunst, sie flehen ihn geradezu an, nicht zu resignieren. Mauler fügt sich, stellt aber sofort auch Bedingungen gravierender Art:

„Eure Packhöfe schließ ich zusammen
Zu einem Ring und übernehme
Die Hälfte eurer Anteile."

Die Packherren sehen sofort in Mauler einen „großen Kopf". Der Einwand Snyders von den Schwarzen Strohhüten, das viele überzählige Vieh denen zu schenken, die es wirklich brauchen könnten, wehrt Mauler mit der ganzen Gelassenheit des ausgekochten Geschäftsmannes ab:

„Lieber Herr Snyder, Sie haben
Den Kern der Lage nicht erfaßt. Die vielen, die
Da draußen stehen: das sind die Käufer!"

Und gleichzeitig – auch zur Stabilisierung der Preise – weiß Mauler noch andere einschneidende Maßnahmen: die Arbeitslöhne senken, ein Drittel der Arbeiter aussperren. Nur so, meint Mauler, kann die Lage gerettet werden. Wie ein Deus ex Machina erscheint dann ein Makler, der berichtet, daß der drohende Generalstreik niedergekämpft sei und daß alle in die Zuchthäuser geworfen worden seien, „die Ruh und Ordnung frevelhaft gestört". Der Markt wird nun, so Slift, gesunden, der tote Punkt sei überwunden. Mauler kündigt Suppe für die Mühseligen und Beladenen an; das Ganze erinnert an einen großen Dankchoral, zumal die Schwarzen Strohhüte noch eine Hymne auf diese Armen singen.
Die nächste Szene spielt wieder bei den Schlachthöfen. Die Höfe sind inzwischen nahezu leer, nur vereinzelt sieht man noch Arbeitergruppen. Johanna tritt auf und fragt nach den drei Männern, den sie den Brief über den Generalstreik hatte geben sollen. Aber sie sieht nur Arbeiterführer, die von der Polizei abgeführt werden und die

ihre Rolle bei den jüngsten Unruhen erklären wollen. Johanna erfährt weiter, daß die Schlachthöfe wieder geöffnet werden, allerdings nur für zwei Drittel der Arbeiter und zu einem niedrigeren Lohn. Auf die Frage, ob die Arbeiter damit einverstanden seien, hört Johanna, daß ohnehin nur ein Teil der Arbeiter von dem geplanten Generalstreik erfahren hatte und daß just dieser Teil von der Polizei vertrieben worden sei. Daraufhin fällt Johanna um.

Der letzte Teil des Stückes wurde von Brecht „Tod und Kanonisierung der heiligen Johanna der Schlachthöfe" überschrieben. Er spielt im Haus der Schwarzen Strohhüte. Snyder lobt Gottes Hilfe bei der ganzen Angelegenheit. Da wird die schwerkranke Johanna, von zwei Polizisten gestützt, hereingeführt. Immer noch hat sie den Brief an die Arbeiter bei sich, den sie nicht weitergegeben hatte. Es wird deutlich, daß Johanna unter ihrem Versäumnis sehr leidet. Slift erkennt im Auftauchen Johannas eine gute Chance:

> „Das ist unsere Johanna. Sie kommt wie gerufen. Wir wollen sie groß herausbringen, denn sie hat uns durch ihr menschenfreundliches Wirken auf den Schlachthöfen, ihre Fürsprache für die Armen, auch durch ihre Reden gegen uns über schwierige Wochen hinweggeholfen. Sie soll unsere heilige Johanna der Schlachthöfe sein. Wir wollen sie als eine Heilige aufziehen und ihr keine Achtung versagen. Im Gegenteil soll gerade, daß sie bei uns gezeigt wird, dafür zum Beweis dienen, daß die Menschlichkeit bei uns einen hohen Platz einnimmt."

Und Snyder, der Johanna zuvor aus dem Haus der Schwarzen Strohhüte verjagt hatte, sagt jetzt:

> „Erhebe dich, Johanna der Schlachthöfe
> Fürsprecherin der Armen
> Trösterin der untersten Tiefe!"

Johanna befindet sich bereits in Fieberträumen, sie phantasiert. Aber immer kreisen ihre Gedanken um den nicht weitergegebenen Brief. Sie wirft sich angesichts der sich ihr bietenden Szene vor:

„Wieder beginnt das Lärmen der Betriebe, man hört es.
Und versäumt ist wieder
Ein Einhalt.
Wieder läuft
Die Welt die alte Bahn unverändert.
Als es möglich war, sie zu verändern
Bin ich nicht gekommen; als es nötig war
Daß ich kleiner Mensch half, bin ich
Ausgeblieben."

Johanna erkennt, daß ihr Wirken den Armen keineswegs genützt hat. Alles ist so geblieben wie vorher, vielleicht wird es sogar schlimmer. Sie verweist auf die Kluft zwischen oben und unten, aber Schlächter und Viehzüchter übertönen Johanna:

„Soll der Bau sich hoch erheben
Muß es Unten und Oben geben.
Darum bleib an seinem Ort
Jeder, wo er hingehört.
Fort und Fort
Tue er das ihm Gemäße
Da er, wenn er sich vergäße
Unsre Harmonien stört . . . "

Als Johanna trotzdem nachdrücklich darauf hinweist, daß die unten sind, unten gehalten werden, daß Ausbeutung und Unordnung in diesem System herrschten, wird sie von den Schwarzen Strohhüten aufgefordert, gut zu sein und zu schweigen.
Aber Johanna will ihre Mahnungen nicht unterdrücken: sie schließt ihren letzten Aufruf mit den Worten:

„Es hilft nur Gewalt, wo Gewalt herrscht, und
Es helfen nur Menschen, wo Menschen sind."

Im Haus der Schwarzen Strohhüte will man aber zu dieser Zeit solche Reden nicht mehr hören. Alle Anwesenden singen große Choräle, um Johanna zu übertönen. Währenddessen beginnen Lautsprecher, Schreckensnachrichten aus aller Welt zu verkünden, in denen von einem rapiden wirtschaftlichen Sturz und von der großen Krise die Rede ist. Aber die Anwesenden singen wieder, bis Johanna kein Lebenszeichen mehr von sich gibt. Snyder spricht den Nachruf auf Johanna:

> „Johanna Dark, fünfundzwanzig Jahre alt, gestorben an Lungenentzündung auf den Schlachthöfen, im Dienste Gottes, Streiterin und Opfer."

Alle stehen sodann in großer Rührung vor der toten Johanna und senken die Fahnen über sie.

Die Personen

Brecht nennt für sein Stück folgende Personen: Johanna Dark, Leutnant der Schwarzen Strohhüte; Mauler, Fleischkönig; Cridle, Graham, Meyers, Lennox, Fleischfabrikanten; Slift, ein Spekulant; Frau Luckerniddle; Gloomb, ein Arbeiter; Paulus Snyder, Major der Schwarzen Strohhüte; Jackson, Leutnant der Schwarzen Strohhüte; Mulberry, ein Hauswirt; Ein Kellner; Packherren; Aufkäufer; Viehzüchter; Makler; Spekulanten; Die Schwarzen Strohhüte; Arbeiter; Arbeiterführer; Die Armen; Detektive; Zeitungsleute; Zeitungsjungen; Soldaten; Passanten.
Dabei fällt auf, daß Brecht eine ganze Reihe „Namenloser" auftreten läßt, also zum Beispiel Arme, Spekulanten, Viehzüchter, Arbeiter usw. Das Stück selbst braucht aber solche namenlose Gruppen. Meistens treten sie in Chören auf, vermitteln damit Allgemeinverbindliches für eine spezielle Gruppe oder Schicht. Sie sprechen auch meistens in Gruppen und Chören. Das gibt ihren Rollen jenen Nachdruck, der für solche retardierenden Elemente im epischen Theater notwendig ist. Denn gerade die Gruppen und Chöre sind ein Charakteristikum des epischen Theaters, das Brecht mit der „Johanna" von der Phase des nur doktrinären, parteiorientierten Theaters in die Reihe der szenisch und dramatisch ansprechendere Stücke gebracht hat.

Brecht hat in seinem „Kleinen Organon für das Theater" zu dieser Form der musikalischen Darbietung in Stücken Stellung genommen:

„Den allgemeinen Gestus des Zeigens, der immer den besonderen gezeigten begleitet, betonen die musikalischen Adressen an das Publikum in den Liedern. Deshalb sollten die Schauspieler nicht in den Gesang 'übergehen', sondern ihn deutlich vom übrigen absetzen, was am besten auch noch durch eigene theatralische Maßnahmen, wie Beleuchtungswechsel oder Betitelung, unterstützt wird. Die Musik muß sich ihrerseits durchaus der Gleichschaltung widersetzen, die ihr gemeinhin zugemutet wird und die sie zur gedankenlosen Dienerin herabwürdigt. Sie 'begleitet' nicht, es sei denn mit Komment... So kann sich die Musik auf viele Arten und durchaus selbständig etablieren und in ihrer Weise zu den Themen Stellung nehmen, jedoch kann sie auch lediglich für die Abwechslung in der Unterhaltung sorgen." (Brecht, Kleines Organon, S. 41 f.)

Es bleibt festzuhalten, daß die Chöre in Brechts Theater, ähnlich wie in der klassisch-antiken Tragödie, die Aufgabe haben, jeweils Allgemeingültiges oder Charakteristisches über die dargestellte Schicht oder Klasse auszusagen.

Für die Betrachtung der „Johanna" bleibt schließlich eine durchaus überschaubare Zahl handelnder Personen übrig. Das ist einmal Johanna Dark selbst.

Sie ist die Figur, um die sich das ganze Stück entwickelt. Ihr Schicksal wird für Brecht zur typischen Erscheinungsform eines Sachverhaltes, den er in diesem Lehrstück nicht nur darstellen, sondern eben als Lehre zugleich demonstrieren will. Johanna zieht aus, um den Armen und Unterdrückten der Schlachthöfe Erleichterungen zu bringen. Sie macht die Sache der Arbeiter zu der ihren – aber, und dieses Ergebnis sei vorweggenommen, sie versagt in der Stunde der Bewährung. Johannas Schicksal ist bei aller epischen Zielsetzung des Brechtschen Stückes durchaus dramatisch angelegt. Es gibt eine Peripetie, die in dem Augenblick erfolgt, als Johanna die Botschaft der Arbeiter für die Organisation des Streiks weiterbefördern soll und dies unterläßt. Hier liegt der Wendepunkt der ganzen Geschichte. Johanna hatte die Chance, als eine der Arbeiterbewegung, als eine ihrer zentralen Figuren in die Geschichte der Schlachthöfe einzugehen, aber sie verpaßte

diese Möglichkeit aus verschiedenen Gründen: einer der entscheidenden war, daß sie aus der Aktion der Arbeiter Gewalt erwachsen sah. Johanna aber lehnte zunächst Gewalt in jeder Form und zu jedwedem Ziele ab. Nichts, so ihre Grundüberzeugung, könne Gewalt rechtfertigen, am wenigsten aber der Versuch, die Verhältnisse auf dieser Welt zu ändern.
Johanna war also aus Brechts Betrachtungsweise eine Vertreterin des Reformismus. Da sie sich gegen Gewalt wandte, mußte sie auf die Zwangsläufigkeit der Entwicklung vertrauen – eine These, die Brecht selbst nicht vertrat. Deswegen ließ er seine Heldin am Ende auch scheitern. Die Rolle der Gewalt im Verlauf der gesellschaftlichen Entwicklung ist somit nicht nur das eigentliche Thema der Johanna Dark, sondern des gesamten Lehrstückes. Johanna mußte erst die Erfahrung machen, daß die „Herrschenden", in diesem Fall die Herren der Schlachthöfe, Gewalt als einziges Mittel gegen den Unmut der Arbeiter betrachteten. Die Fabrikbesitzer gaben daher der Polizei den Befehl, die Arbeiter auf den Schlachthöfen zu verhaften und sogar niederzuschießen. Angesichts dieser Erfahrungen ändert sich die grundsätzliche Auffassung der vorher nur guten und verständnisvollen Johanna. Sie, die für alles und für jeden Verständnis hatte, wandelt sich am Ende des Stückes in eine radikale Kämpferin: sie fordert zur Gewaltanwendung auf:

> „Und auch die, welche ihnen sagen, sie könnten sich erheben im Geiste
> Und stecken bleiben im Schlamm, die soll man auch mit den Köpfen auf das
> Pflaster schlagen. Sondern
> Es hilft nur Gewalt, wo Gewalt herrscht und
> Es helfen nur Menschen, wo Menschen sind."

Das ist eine andere Johanna als die, die den Arbeitern zuvor geraten hatte, sie sollten die Unordnung und die Verwirrung nicht durch Gewalt bekämpfen, wenn die Versuchung auch noch so groß sei.
Johanna Dark ist am Anfang des Stückes von religiös-ethischen Motiven bewegt. Die Heilsarmee wird dabei als

eine objektive Möglichkeit gezeichnet, in der konkreten Situation hilfreich zu wirken. Johanna versteht ihre Aufgabe zunächst keineswegs als politische Aufgabe, sondern eher als humanistischen Auftrag. Das bleibt bis zum Ende des Stückes so. Erst als sie erkennt, daß sich die kapitalistischen Herren immer verstehen, daß sie und mit ihnen auch die führenden Leute der Heilsarmee sich immer wieder zulasten der Arbeiter verständigen können, erkennt sie das Sinnlose ihres Tuns. Dann wird bei Johanna mit einem Male der politische, der marxistische Aspekt sichtbar – aber das ist im Sinne des Brechtschen Lehrstückes zu spät. Brecht dokumentiert mit seiner Johanna, daß die sogenannten bürgerlichen Kräfte – also auch die Heilsarmee – im gesellschaftlich-politischen Prozeß niemals eine Rolle spielen können, weil ihnen die Probleme und deren Bewältigung von vorneherein nicht bekannt sind. Der Idealismus der Johanna wird als typisch kleinbürgerliches Element gekennzeichnet, das zum Scheitern verurteilt ist. So wird die Johanna für Brecht zum Paradigma für die Nutzlosigkeit aller bürgerlichen Versuche, die gesellschaftlichen Verhältnisse zu ändern. Das vermag, so Brecht, allenfalls die Gewalt der vereinigten Arbeiterklasse. Immerhin war Brecht dabei realistisch genug, einzusehen, daß diese Einheit allzu schwer zu erreichen ist. In diesem Stück ist es Johanna, die die Streik-Einheit der Arbeiter verhindert und somit die Schuld am Mißlingen der Aktion auf den Schlachthöfen trägt. Aber auch das will Brecht nur als Beispiel dafür verstanden wissen, daß es eben immer wieder solche Hemmnisse und Schwierigkeiten geben wird.

Johanna verliert am Ende des Stückes alle Illusionen, die sie anfangs mit sich herumgetragen hat. Sie hat eingesehen, daß der Fabrikbesitzer Mauler immer nur zum Schein und zur Tarnung „menschlich" reagiert hat; sie hat erfahren, daß ihre eigenen Freunde in der Heilsarmee ihr Tun nicht mehr verstanden und auch nicht mehr guthießen, weil Johanna zu kompromißlos gut sein wollte. Selbst der Major der Schwarzen Strohhüte war zu Kompromissen bereit, als ihm Geld für sein Haus und für seine Organisation geboten wurde.

All dies waren für Johanna Enttäuschungen, an denen sie letztendlich zerbricht. Sie wollte das Gute und erreichte es nicht, und mit dieser Einsicht wird sie nicht fertig.

Mauler, der reiche Fabrikbesitzer, ist die große Gegenfigur zu Johanna. Er bewundert an ihr immer wieder den durchaus naiven Glauben an das Gute und ihre kompromißlose Bereitschaft, sich für die Armen einzusetzen. Pierpont Mauler ist in dem Stück sehr viel vielschichtiger angelegt als Johanna. Sie ist sofort zu erkennen und zu begreifen; bei ihr gibt es keinerlei charakterlichen Winkelzüge oder Unsicherheit über ihr mutmaßliches Verhalten. Johanna ist in ihrer ganzen Güte berechenbar. Mauler dagegen täuscht seine Umwelt immer wieder. Er variiert zwischen dem harten, unnachgiebigen Geschäftsmann und dem Menschenfreund. Brecht hat diese Rolle natürlich so raffiniert angelegt, um damit die Gefährlichkeit der kapitalistischen Klasse und ihrer führenden Vertreter zu demonstrieren. Mauler ist der große Schauspieler: er fällt spektakulär in Ohnmacht, als Johanna eine große Rede über die Sorgen der Arbeiter hält, und er gibt sich verletzlich: als er aus seiner Ohnmacht erwacht, bittet er die Umstehenden, sie mögen Johanna entfernen, weil er ihren Anblick nicht ertragen kann.

Und gleich in der ersten Szene gibt es den rührseligen Auftritt Maulers:

> „Erinnere, Cridle, dich, wie wir vor Tagen –,
> Wir gingen durch den Schlachthof, Abend war's – . . . "

Mauler tut so, als könne er das Schlachten nicht mehr ertragen. Er gibt sich als empfindsam und sensibel, macht den Partner glauben, er könne das blutige Geschäft nicht mehr ertragen, ersinnt aber just zur selben Zeit ein für ihn blendendes Verkaufsgeschäft. Für Brecht ist dies der Prototyp des geschäftslüsternen Kapitalisten: ein Mensch, der Gefühle vorgaukelt, die er gar nicht empfindet, und dabei ausschließlich an seinen Vorteil und an seinen Gewinn denkt.

Auch Johanna fällt wiederholt auf Maulers Schauspielerei herein. Gleich am Anfang des Stückes, als Mauler Johanna durch Slift die Verhältnisse auf den Schlachthöfen zeigen läßt und darüberhinaus auch noch Geld für Johannas Arbeit anbietet, sagt Johanna:

„Aber das ist kein schlechter Mensch, das ist der erste
Den unsere Trommeln aufscheuchen aus dem Gestrüpp
der Niederträchtigkeit
Und der den Ruf vernimmt."

Johanna glaubt dies wirklich, und Mauler tut alles, um dieses sein Image so zu verbreiten. Er gibt sich als Philanthrop, der für soziale Einrichtungen immer ein offenes Ohr und vor allem Geld hat, er empfängt Johanna, wann immer sie es will, und spricht mit ihr über jedes Thema, und – vor allem – er zeigt für alle ihre Nöte immer Verständnis. Johanna sieht in Pierpont Mauler einen zwar mächtigen, aber keineswegs herzlosen Menschen. Sie erkennt lange Zeit nicht, daß Mauler ein höchst zwielichtiges Doppelspiel spielt. Er hat Informationen von New Yorker Geschäfts- und Börsenfreunden in der Hand, gibt sie aber niemandem bekannt. Im Gegenteil: er tut so, als habe er selbst auch diese Informationen nicht, und trifft Entscheidungen, die für alle Beteiligten nahezu wunderlich aussehen, weil sie gegen Maulers eigene Interessen gerichtet erscheinen. So errichtet er in der Tat das Bild des Menschenfreundes, der selbst auf Geld und Macht verzichtet, um den Armen und den Arbeitern auf den Schlachthöfen zu helfen. In Wahrheit aber weiß Mauler, daß die Zeit und die Verhältnisse allein für ihn und seine Kasse arbeiten. Er kann die zunächst unverständlichen Entscheidungen treffen in dem Wissen, daß alles letztenendes für ihn selbst zu Buche schlagen wird.
Für Brecht ist dies die typische kapitalistische Verhaltensweise. Hieran will Brecht das schnöde Verhalten der Kapitalisten exemplifizieren. Die Lage auf den Schlachthöfen ist für ihn nur ein Beispiel für die Situation der kapitalistischen Welt schlechthin, und Mauler ist deren typischster Vertreter.
Eine Szene ist dafür besonders bezeichnend. Mauler sagt bei seiner Begegnung mit Johanna:

„... Mir ist, als weht aus einer anderen Welt ein
Hauch mich an.
(Er nimmt allen alles Geld ab und gibt's ihr.)
Gebt Geld her, ihr Viehmetzger, jetzt gebt Geld her!
(Er nimmt's ihnen aus den Taschen, gibt es Johanna.)

Nimm's für die armen Leute, Mädchen!
Aber wisse, ich fühl keinerlei Verpflichtung
Und schlaf recht gut. Warum ich helf? Vielleicht nur
Weil mir Dein Gesicht gefällt, weil's so unwissend ist,
obgleich
Du zwanzig Jahre lebtest."

Ernst Schumacher interpretiert diese Szene aus seiner marxistischen Sicht natürlich ganz eindeutig: „Mauler benimmt sich in dieser Szene, wie sich die kapitalistische Klasse als solche benimmt, wenn sie philanthropische Neigungen zeigt: sie stiehlt den anderen Geld ab für die Almosen und Brocken, die sie den durch sie Ausgebeuteten und Verelendeten hinwirft, wobei sie ausdrücklich betont, es handle sich um eine Liebesgabe aus freien Stücken." (Schumacher, S. 448)
Mauler und seine Freunde schaffen schließlich die völlige Verkehrung der ursprünglichen Verhältnisse, als sie zum Schluß des Stückes Johanna heilig sprechen – dieselbe Johanna, die inzwischen eingesehen hat, daß es bei der Veränderung der Welt ohne Gewalt nicht geht, und deren letzte Bekenntnisse von den Fleischpackern, den Metzgern und den Schwarzen Strohhüten gemeinsam überschrien werden.
Der Makler Slift wird als gerissener Bursche geschildert, der einmal als die rechte Hand Maulers dessen Aufträge treu und brav ausführt. Slift, der nach oben buckelt, spielt aber gegenüber den Arbeitern auf den Schlachthöfen den starken Mann, auch eine von Brecht als typisch für die kapitalistische Welt apostrophierte Verhaltensweise. Slift lobt am Ende Johanna mit überschwenglichen Worten:

„Sie soll unsere heilige Johanna der Schlachthöfe sein. Wir wollen sie als eine Heilige aufziehen und ihr keine Achtung versagen. Im Gegenteil soll gerade, daß sie bei uns gezeigt wird, dafür zum Hinweis dienen, daß die Menschlichkeit bei uns einen hohen Platz einnimmt."

Slift sieht in Johanna also in erster Linie ein praktisches Instrument für die eigenen Interessen. Sie ist mit ihrer ganzen Menschlichkeit nützlich – mehr allerdings auch nicht; denn als Johanna der Hilfe der Packherren und der

Viehzüchter bedurft hätte, war sie für diese nicht interessant. Slift spielt in dem Stück keine entscheidende Rolle. Es wird vielmehr als ein charakteristisches Werkzeug einer Klasse von Brecht geschildert, die den persönlichen Profit über alle menschlichen und sozialen Erwägungen stellt.
Dasselbe gilt im übrigen auch für Paulus Snyder, den Major der „Schwarzen Strohhüte". Er, der im Grunde ein religiöser Mensch sein müßte, dem die Wohlfahrt an oberster Stelle seines Handlungsantriebs stehen sollte, erweist sich sehr bald als ein Kompromißler, der selbst das Mitglied der Organisation, Johanna Dark, fallen läßt:

„Lad dir die Armen zu Gast und bewirte
Sie nur mit Regenwasser und schönem Gerede
Wo doch im Himmel für sie nicht Erbarmen
Sondern nur Schnee ist.
Ohne alle Demut bist du
Dem nächsten Trieb gefolgt! Wie leicht ist's
Einfach auszuweisen den Unreinen hochmütig.
Heikel bist du mit dem Brot, das wir essen müssen
Allzu neugierig, wie's gemacht wird und willst doch
Selber auch noch essen! Jetzt geh, du Überirdische
Hinaus in den Regen und bleib rechthaberisch im Schneetreiben!"

Johanna muß auf Befehl Snyders ihre Uniform ausziehen und das Haus der Schwarzen Strohhüte verlassen. Die Begründung ist, daß Johanna nur Arme und Gesindel hinter sich gebracht habe, nicht aber diejenigen, die den Schwarzen Strohhüten auch finanziell etwas hätten bieten können. So ist es nicht verwunderlich, daß sich später in der Umgebung Snyders just alle die treffen, die die Not der Arbeiter der Schlachthöfe hervorgerufen haben. Für Brecht geht es darum, auf diese Weise die wahre Motivation von solchen Hilfsorganisationen in der kapitalistischen Welt herauszukristallisieren. Die Quintessenz ist für ihn, daß sich der Arbeiter eben doch nur aus eigener Kraft aus seiner Lage herausbringen und die Verhältnisse ändern könne.
Lennox, Graham und Cridle spielen in der „Johanna" nur die Rolle einer weiteren Konkretisierung kapitalistischer Typen. Das gilt insbesondere für Cridle, Maulers Kompagnon. An ihm zeigt Brecht, daß sich die Kapitalisten unter-

einander übers Ohr zu hauen versuchen, wo es nur geht. Mauler bietet Cridle ein Millionengeschäft an, wohl wissend, daß dieser die Konditionen nicht erfüllen wird und daß der Profit des Geschäftes ihm am Ende zugute kommen wird. Cridle spricht Mauler zuerst als „lieber Pierpont" an; später verschlechtert sich ihr Verhältnis über das Geschäft immer mehr. Es ist der Kampf „jeder gegen jeden", den Brecht hier demonstrieren will, wobei es ihm um die Erkenntnis geht, daß einer der Großen am Ende immer gewinnt.

Zur Interpretation

Brechts Lehrstücke haben es an sich, daß das meiste, was damit gesagt werden soll, auch konkret ausgedrückt wird. Die Lehrstücke — und da macht die „Johanna" keine Ausnahme — sind nicht für eine geistige Elite geschrieben, sondern für den sogenannten „Mann von der Straße". Brecht wollte keine künstlerischen Erfolge, sondern er wollte etwas für jedermann Begreifliches leicht verständlich und ohne intellektuelle Komplikationen darstellen. Lehrstücke sollten für jedermann verständlich sein, und es wäre Brecht eine unerträgliche Beunruhigung gewesen, wenn ein Lehrstück der Interpretation bedurft hätte. Mit Gewißheit hätte er in diesem Fall sein Stück als verfehlt angesehen.
So kann es auch nicht darum gehen, bei der „Johanna" sozusagen eine Sinninterpretation vorzunehmen. Der Sinn ist hier deswegen so deutlich, weil er Zeile für Zeile ausgesprochen wird. Brecht will zeigen, wie er es im „Lied des Stückeschreibers" angekündigt hatte:

„Um zeigen zu können, was ich sehe
Lese ich die Darstellungen anderer Völker und
anderer Zeitalter.
Ein paar Stücke habe ich nachgeschrieben, genau
Prüfend die jeweilige Technik und mir einprägend
Das, was mir zustatten kommt.
Ich studierte die Darstellungen der großen Feudalen
Durch die Engländer, reicher Figuren
Denen die Welt dazu dient, sich groß zu entfalten.

Ich studierte die moralisierenden Spanier
Die Inder, Meister der schönen Empfindungen
Und die Chinesen, welche die Familien darstellen
Und die bunten Schicksale in den Städten."

Für die „Johanna" hatte Brecht, wie bereits ausgeführt, die Verhältnisse an den Börsen, in der Heilsarmee und – freilich nicht aus eigener Anschauung – in den amerikanischen Großstädten studiert. Im Mittelpunkt des Stückes stehen allerdings nicht Milieuschilderungen aus amerikanischen Verhältnissen, sondern die Darstellung des organisierten „Kampfes der Arbeiterklasse" – oder zumindest des entsprechenden Versuchs. Johanna glaubt dabei, durch ihre „Abstiege" in die Niederungen des kapitalistischen „Catch-as-catch-can" die harte Gesinnung der Industriellen erweichen zu können. Aber sie schafft keine Besserung und noch weniger Veränderung; der einzige Gewinn für Johanna ist schließlich die Einsicht in die Unvermeidlichkeit der Dinge. Johanna erkennt aber auch, daß die Fleischkönige die Schwarzern Strohhüte nur als willkommenes Instrument betrachten, mit denen die Arbeiter beruhigt werden können. Mauler und seinesgleichen geht es keineswegs um eine wirkliche Anerkennung Johannas oder Paulus Snyders, sondern um deren Ausnutzung. Deswegen arrangieren sie sich auch vorübergehend mit den Schwarzen Strohhüten. Im Zuge ihres Erkenntnisprozesses wächst bei Johanna indessen die Einsicht in dieses teuflische Spiel. Aber sie erkennt zugleich ihre eigene Ohnmacht, sie bemerkt, daß der Einzelne im Räderwerk eines großen, epochemachenden Prozesses ein Nichts ist. Deswegen versagt sie auch, als es ihr aufgegeben wurde, eine wichtige Botschaft zu übermitteln. Sie wird von Zweifeln über die Rechtmäßigkeit ihres Tuns geplagt, sie fürchtet Gewalt, die sie andererseits wiederum als Mittel der Politik zunächst strikt ablehnt. Schumacher zieht daraus den – marxistischen – Schluß: „Johanna erscheint in diesem Stadium der Handlung als Vertreterin jener kleinbürgerlichen Schichten, die zwar nach bestimmten Erfahrungen mit dem Proletariat sympathisieren, aber in der praktischen Entscheidung ständig schwanken. Die besten dieser Schicht handeln aus einem durchaus hochstehenden Empfinden für die gerechte Sache des Proletariats. Aber sie verfügen nicht über ein

gleich starkes Wissen und Bewußtsein, daß der Klassenkampf mit der äußersten Konsequenz geführt werden muß, sollen die Verhältnisse grundlegend geändert und nicht bloß reformiert werden. Sie schenken darum allen Parolen, die die Kapitalisten ausstreuen, Glauben und fallen auf ihre Provokationen herein. Johanna erscheint hier als verspätete Unabhängige Sozialdemokratin, bei der das Fleisch schwach wird, weil der Geist schwach ist. Wenn sie sich als Verbrecherin aus der vertrauten Welt ausgestoßen sieht, so ist dahinter Brechts eigene Problematik zu verspüren. Mit seiner Entscheidung für den Kommunismus verließ er ja in diesen Jahren die ihm vertraute bürgerliche und kleinbürgerliche Welt, wurde noch nachhaltiger angefeindet als in seiner „sozialistischen" Periode, ohne gleichzeitig schon auf der proletarischen Seite sich ganz und gar heimisch zu fühlen." (Schumacher, S. 463)
Diese Sicht der Johanna hat manches für sich, vor allem wenn man Brechts damalige persönliche Situation berücksichtigt. Auch von Brechts politischer Einstellung her ist diese Interpretation der Johanna die wahrscheinlichste. Andererseits ist zumindest zur Diskussion zu stellen, ob Brecht nicht **auch** die Schwäche des Individuums im gesellschaftspolitischen Prozeß schlechthin darstellen wollte. Die Johanna ist eigentlich zu vielschichtig angelegt, als daß sie nur als „Unabhängige Sozialdemokratin" aus marxistischem Blickwinkel – im Hinblick etwa auf den Revisionismusstreit – gesehen werden könnte.
Immerhin ist die Johanna die Titelfigur des Stückes. Ihre charakterlichen Anlagen am Beginn der Handlung sind ja keineswegs nur „typisch sozialdemokratisch" in dem Sinne, wie Schumacher es durchaus abschätzig meint. Sie zeigt Tugenden, die nicht lächerlich sind und die zu Hohn und Spott keinen Grund geben. Daß sie sich in einem großen Irrtum über ihre eigenen und die Möglichkeiten der Güte in dieser Welt – übrigens keineswegs nur in der kapitalistischen, wie die historische Entwicklung inzwischen gezeigt hat – befand, tut alldem keinen Abbruch.
Schumacher beklagte in seiner überaus materialreichen Brecht-Interpretation, daß Pierpont Mauler in diesem Stück kein überzeugender proletarischer Gegenspieler vom Autor gegenübergestellt wurde. Das ist ohne Zweifel richtig. Es zeigt allerdings, daß Brecht in dieser Phase seines Schaf-

fens seinen „proletarischen Helden" noch nicht gefunden hatte. Die „Johanna" ist ein Lehrstück, aber es ist keines der absolut penetrant doktrinären. Der Zuschauer oder der Leser empfindet sogar Mitleid mit dem Niedergang Johannas – eine Wirkung, die Brecht nicht beabsichtigt hatte. Der damals eben Dreißigjährige versprach sich offenbar zu viel von der ironisch-sarkastischen Wirkung des Scheiterns der Johanna. Aber ihr Schicksal ergriff bei den bisherigen – wenigen – Inszenierungen des Stückes die Zuschauer mehr, als daß sie Lust an Lachen oder Schadenfreude (gegenüber der Unabhängigen Sozialdemokratin zum Beispiel!) empfunden hätten. Dies blieb Brechts Irrtum im übrigen auch noch in späteren Jahren. Bei der „Mutter Courage" waren die Reaktionen des Publikums auch anders, als Brecht sie gewollt hatte: Mitleid mit dem Schicksal der leidgeprüften Mutter Courage war nicht die Absicht des Stückeschreibers Brecht, sondern vielmehr aufklärerische Wirkung, die von der Mutter Courage ausgehen sollte.
Kurz sei in diesem Zusammenhang erwähnt, daß die Johanna die erste in einer Reihe von großen Frauengestalten war, die Brecht auf die Bühne brachte. Abgesehen von der bereits erwähnten Mutter Courage waren das noch die Frau Carrar in dem Stück „Die Gewehre der Frau Carrar", die Shen Te in „Der gute Mensch von Sezuan", die Wlassowa in „Die Mutter".
Die „Johanna" ist expressis verbis Kritik an der kapitalistischen Gesellschaftsordnung, wie es auch die Stücke „Mann ist Mann", „Die Dreigroschenoper", „Aufstieg und Fall der Stadt Mahagonny" waren. Nur: die Kritik in den drei genannten Stücken war mehr sozialkritischer Art, war eher ironisch und bissig; in der „Johanna" wird diese Kritik prinzipiell, marxistisch fundiert und gar nicht mehr witzig. Selbst wenn Brecht die Elemente der Parodie verwendet – davon wird noch zu sprechen sein –, gerät dies nicht spritzig-witzig, sondern eher sarkastisch. Diese Kritik ist, wie Fradkin feststellte, bei aller individuellen Eigenart und Ungewohntheit einiger ihrer Aspekte keineswegs oberflächlich, sondern sie ist gegen die Wesenszüge dieser Ordnung gerichtet. Sie trägt ganz offenkundig bereits das Signum der marxistischen Weltanschauung, auch wenn sie so manchen marxistischen Orthodoxen noch nicht so recht zu überzeugen wußte.

Brecht schildert typische Szenen des Kapitalismus, als beispielsweise Snyder die Frage stellt, ob das viele wertlose Vieh, das ohnehin nicht zu verkaufen sei, nicht einfach verschenkt werden solle. Und der Fabrikbesitzer Mauler erwidert lächelnd, daß die vielen, die da draußen arm stünden, eben die Käufer seien — mit denen die Gewinne zu machen sind, muß man hinzufügen. Vieles an dieser Szene erinnert an heutige Verhältnisse, da Obst vernichtet werden muß, weil es zu billig für den Markt ist, da Kaffee in die Meere geschüttet wird, um die Weltmarktpreise nicht etwa durch zu großes Angebot zu drücken, und da Butter auf sogenannten Butterbergen gehortet wird, um sie nicht etwa preiswert an den Verbraucher kommen zu lassen. Hier hat Brecht zu Beginn der Dreißiger Jahre Mißstände angesprochen, die heute immer noch und oft sogar vermehrt auftreten und die zu beseitigen offenbar nicht möglich ist. Am Ende des Stückes kommt, wie eine Art reitender Bote, ein Makler in das Haus der Schwarzen Strohhütte gestürzt und verkündet:

> „Frohe Botschaft! Zusammengebrochen ist der drohende Generalstreik. In die Zuchthäuser geworfen die Verbrecher, die Ruh und Ordnung frevelhaft gestört.
> Nun atmet auf, nun muß der Markt gesunden!
> Der tote Punkt ist wieder überwunden.
> Der Fortschritt siegt! Das Volk hat eingesehn:
> Es kann nur gehn, wenn Arbeit und Besitz zusammenstehn."

Hier blitzt Brechts Sarkasmus noch einmal auf — zumal in der Regieanweisung jetzt Orgelspiel vorgeschrieben ist. Der Fortschritt ist für Brecht natürlich ein ganz anderer. Besser: er wäre es. Aber die Verhältnisse sind nicht so. Kein Zweifel: in dieser Passage wird Brechts ganze Resignation über die nach seiner Auffassung untragbaren Verhältnisse deutlich.

Es wäre im Sinne des lehrhaften Theaters logisch gewesen, wenn der Verlauf der Johanna ganz anders gewesen wäre. Es wäre etwa denkbar gewesen, daß eben doch der große Zusammenbruch kommt, daß die Wirtschaft in die Krise gerät, daß der Generalstreik der Arbeiter Früchte trägt und die Herren der Schlachthöfe verjagt werden, daß Mauler

und seinesgleichen am Ende scheitern und daß die Johanna durch Einsicht zur Revolutionärin wird. Dies alles hat Brecht nicht getan, und es kann nur gerätselt werden, warum er sein Drama, besser: sein Stück so anlegte. Denn daß die „Johanna" weite Strecken dramatisches Theater ist, ergibt sich schon aus der peripetischen Gestaltung des ganzen Handlungsablaufs.
Am Ende des Stücks begreift Johanna das „System" und zieht ihre Konsequenz. Es ist eine Konsequenz, die ihren Genossen nicht mehr paßt, denn so ist Johanna für ihre Ziele nicht mehr brauchbar. Eine streitbare, auf die Gewalt bauende Johanna kann nicht mehr als Alibi für die eigenen Versäumnisse dienen. Deswegen erfolgt am Ende des Stückes jene ironisierende Szene mit dem Titel „Tod und Kanonisierung der heiligen Johanna". Johanna erkennt zum Schluß:

„Die aber unten sind, werden unten gehalten
Damit die oben sind, oben bleiben
Und der Oberen Niedrigkeit ist ohne Maß
Und auch wenn sie besser werden, so hülfe es
Doch nichts, denn ohnegleichen ist
Das System, das sie gemacht haben
Ausbeutung und Unordnung, tierisch und also
Unverständlich."

Vorbei ist der innere Antrieb der Johanna, aus Idealismus den Armen und Unterdrückten helfen zu wollen. Vorbei ist es auch mit ihrer Güte, denn sie hat erkannt, daß mit Güte in dieser Welt nichts zu erreichen ist. Vorbei ist es mit dem Verständnis der Johanna für die Schwächen und die Handlungen der Herrschenden, denn sie hat gemerkt, daß sie nur ausgenutzt und betrogen wurde. Johanna hat begriffen, daß es zwischen oben und unten keine Verständigung geben kann; die Kluft sei größer als zwischen dem Berg Himalaya und dem Meer. Während Johanna ihre Einsichten vorträgt, singen alle Anwesenden laut und immer lauter Choräle, um sie zu übertönen, sie quasi mundtot zu machen.

„Will der Bau sich hoch erheben
Muß es unten und oben geben

Darum bleibt an seinem Ort
Jeder wo er hingehört ..."

Das ist auch die letzte Einsicht Brechts in diesem Stück: die oben werden oben bleiben, die unten aber sind für unten bestimmt. Nichts wird sich an diesem Zustand ändern, solange die Verhältnisse nicht durch Gewalt verändert werden. Güte, Nachsicht, Einsicht und Verständnis — jene ursprünglichen Tugenden der Johanna — haben in der rauhen Wirklichkeit kläglich versagt. Im Gegenteil: die andere Seite hat diese mutmaßlichen Schwächen schamlos für ihre eigenen Belange ausgenutzt.
Und noch etwas zeigt Brecht in der „Johanna". Die perfekte Maschinerie der kapitalistischen Welt funktioniert immer, trotz vorübergehender Krisen und Talfahrten. Die das Geld haben, werden niemals endgültig untergehen. Auch in der Stunde des möglichen Untergangs Maulers verläßt diesen das sprichwörtliche Glück nicht. Der Generalstreik scheitert, die Rädelsführer werden verhaftet und die Situation normalisiert sich von einem Tag zum anderen. Daß es daneben noch einflußreiche Freunde in New York gibt, die Mauler gewissermaßen Herrschaftswissen zur Verfügung stellen, stärkt dessen ohnehin schon starke Position noch weiter.
Die „Heilige Johanna" ist die Geschichte von der Sinnlosigkeit der Güte und der Toleranz in der heutigen Welt. Dieses Thema beschäftigte Brecht wiederholt, niemals aber konkretisierte er es mehr an der aktuellen wirtschaftlichen und politischen Szene. Brecht selbst schrieb zum Sinn der „Johanna":
„In Zeiten, wo für sehr große Massen des Volkes das herrschende gesellschaftliche System, das Arbeit und Broterwerb regelt, unerträgliche Härten verursacht, kann es nicht wundernehmen, wenn diese Massen (selber oder durch den Mund derer, die für sie sprechen) die großen geistigen Systeme überprüfen, welche die Lebenshaltung in moralischer und religiöser Hinsicht zu gestalten suchen. Für die Institutionen, die diese Systeme vertreten, wie die Kirchen, Schulen usw., stellt sich das so dar: Riesige Teile der Arbeiterschaft, unzufrieden mit dem herrschenden gesellschaftlichen System, erklären diese Institutionen für organisatorisch und geistig verknüpft und verbündet mit

der gesellschaftlichen Ordnung, die für sie keine Lebensmöglichkeit mehr schafft, und wenden sich von bestimmten religiösen und moralischen Gedankengängen ab.“ (Brecht, Schriften zum Theater 2, S. 140)

In dieser Interpretation versucht Brecht selbst die Geschichte auf die Beurteilung der Organisationen wie der Heilsarmee in der konkreten Notsituation zu beschränken. Mit Sicherheit ist dies aber allenfalls nur ein Teil dessen, was Brecht im Sinn hatte. Die Schwarzen Strohhüte, also die Heilsarmee, sind für Brecht jedoch nur ein Beispiel für Institutionen, die sich zwar der tätigen Hilfe verschrieben haben, diese aber doch sozusagen unter dem Schirm und mit der Unterstützung der staatlichen und gesellschaftlichen Institutionen, also des Systems, ausüben.

Es geht Brecht also eigentlich nicht um die Institutionen, sondern um das System, in das diese Institutionen eingebettet sind.

In seinen theoretischen Äußerungen versuchte Brecht immer wieder, den Kern dieses Stückes auf die Frage zu reduzieren, ob das Verhalten religiöser Institutionen in einer gesellschaftspolitischen Situation von der Dramatik der in der „Johanna“ geschilderten, überhaupt relevant sein könne. Brechts Antwort lautet letztenendes „nein“, denn die religiöse Institution der Schwarzen Strohhüte arrangiert sich schließlich mit den herrschenden Kräften. Brecht weist darauf hin, daß in der „Johanna“ nicht etwa das innere Wesen der Religion, die Existenz Gottes also, zur Diskussion stehe, sondern das Verhalten des religiösen Menschen, das Reden von Gott oder die Bemühungen von Menschen, Glauben zu erzeugen; Brecht meint weiter: „Das Ziel des Stückes, eine tiefgreifende und zum Handeln ausreichende Erkenntnis der großen gesellschaftlichen Prozesse unserer Zeit zu vermitteln, würde verfehlt werden durch eine Lästerung ‚Gottes‘ oder eine Verächtlichmachung des religiösen Verhaltens. Denn wichtig ist von diesem Standpunkt aus die Aufspürung der Folgen religiösen Verhaltens in ganz bestimmten Situationen unserer Zeit und eines ganz bestimmten historischen, jetzt wahrnehmbaren Verhaltens.“ (Brecht, Schriften zum Theater 2, S. 144)

Ist die „Johanna“ also ein zeitgebundenes, auf eine bestimmte geschichtliche Situation zugeschriebenes Stück, das, sobald jene Situation nicht mehr besteht, seine Gültigkeit verloren hätte? Manches spricht dafür, zumindest wenn das Stück so inszeniert würde, wie Brecht es 1930/31 gewollt hatte. Es stünde damit in einer gewissen Nähe zur „Dreigroschenoper", deren sozialkritische Aktualität inzwischen auch vielfach infrage gestellt wurde. Es ist aber dennoch darauf hinzuweisen, daß die „Johanna" mehr Allgemeingültiges, Verbindliches aussagt, als Brecht es selbst zugesteht. Nur aus dem Wissen, daß die „Johanna" eben als aktuelles Lehrstück konzipiert war, sind Brechts doch sehr zurückhaltende Beurteilungen zu verstehen. Immerhin wird in der „Johanna" doch eine dezidierte Auffassung von der Unveränderbarkeit der Verhältnisse — nicht von ihrer Veränderbarkeit interessanterweise! — vermittelt. Das Motto „Denn die einen stehn im Dunkeln, und die andern stehn im Licht" wird auch hier offenkundig. Es geht Brecht weder um die Darstellung des persönlichen Schicksals der Johanna Dark noch um die Vorgänge auf den Schlachthöfen von Chicago. Worum es vielmehr geht, ist die Darstellung typischer Sachverhalte und Verhaltensweisen im Verhältnis zwischen Arbeitern und Fabrikbesitzern. Es ist das Thema, das Brecht während seiner marxistischen Studien in Berlin von der Sache her besonders beschäftigte, und das darüberhinaus auch noch in der zeitgeschichtlichen Situation der endenden Weimarer Republik besondere Aktualität hatte.

Sprache und Gestaltung

Lion Feuchtwanger urteilte über Brechts Sprache in besonders kompetenter Weise: „Den glücklichsten Erfolg hatten seine kühnen Versuche, sich die Sprache zu schaffen, die er brauchte. Seine Sprache sollte volkstümlich sein, doch niemals gemein und abgebraucht, neu, doch niemals gesucht. Luther hatte ‚dem Volk aufs Maul schauen' und das meiste seiner Rede verwenden können. Die deutsche Umgangssprache, wie Brecht sie vorfand, gab wenig dem, der ein Gedicht machen, noch weniger dem, der dichterische Prosa schreiben wollte, und gänzlich unbrauchbar war sie dem Dramatiker. Auch die Schriftsteller der Zeit konnten Brecht wenig geben. Mit dem naturalistischen Dialog Gerhart Hauptmanns wußte er nicht viel anzufangen, und gänzlich fremd blieb ihm die abgelegene, volksferne Sprache der George, Rilke, Hofmannsthal. Als er mir sein erstes Stück brachte – es hieß ‚Spartakus', später nannten wir's ‚Trommeln in der Nacht' –, stand sein Dialog unter dem Einfluß Büchners. Unter den Zeitgenossen beeindruckten ihn in jenen Jahren am stärksten Kipling und Wedekind; seine frühen Balladen pflegte er auf die Art Wedekinds gell und mit Lust zu singen. Doch machte er sich schnell von diesen Vorbildern los und kämpfte heftig um sein eigenes Deutsch ... Er mühte sich heiß, den rechten Tonfall zu finden für den genauen Ausdruck seines Wesens, seines Denkens und Spürens. Er ließ sich mit seinen Mitarbeitern in wilde Streitereien ein um einzelne Wendungen. Nicht im geringsten kümmerte er sich um Regel und Vorbild. Machte man ihn darauf aufmerksam, daß diese oder jene Wendung doch nun gar zu heftig gegen die Grammatik verstoße, dann wandelte er gern einen berühmten Satz ab: ‚Ego, poeta Germanus, supra grammaticos sto.' Brecht schuf vor allem aus der Gebärde heraus. Er stellte sich zuerst die Gesten seiner Menschen in ihrer jeweiligen Situation vor und suchte dann das entsprechende Wort. Dieses Wort mußte treffen, es mußte locker, es mußte ‚elegant' sein, und sein Klang mußte die Menschen und die Situationen malen ... Deutschland hat viele große Sprachmeister, Sprachschöpfer hat es in diesem Zwanzigsten Jahrhundert einen einzigen: Brecht. Brecht hat bewirkt, daß die deutsche Sprache heute Spürungen und Gedanken ausdrücken kann, die sie, als Brecht zu dichten anfing, nicht auszusagen vermochte." (Feuchtwanger, Brecht in: Sinn und Form, S. 106 f.)

In diesen Bemerkungen steckt vieles Zutreffende und gut Beobachtete. Was Brecht vor allem auszeichnete, ist, daß er zu jedem Stück mit jedem jeweils anderen Thema auch die jeweils andersartige Sprache verwendet. Freilich: es bleibt immer wieder unverwechselbar Brecht, vor allem in den grammatikalischen Wendungen und Besonderheiten, auch in den zunächst ungewohnten Gebräuchen der zahlreichen Relativsätze, der Substantivierungen und des Plakativen.

Immer ist Brechts Sprache blumig und ungeheuer bildreich. Brecht war derjenige, der sich von dem Zwang der deutschen Literaturszene löste, entweder hochdeutsch oder aber im Dialekt zu schreiben. Seine Sprache war etwas Neues insofern, als er – wie Ernest Borneman feststellte – seine eigene Ausdrucksweise schuf. Sie basierte auf vier gänzlich verschiedenen und unterschiedlichen Elementen: nämlich

1. der süddeutschen Umgangssprache
2. einer metapherfeindlichen Dichtung in Farben, Geweben und anderen konkreten Bildern
3. einer Amtssprache und
4. auf Anglizismen und exotischen Ausdrücken. (nach Bornemann in Sinn und Form, S. 142)

Die „Johanna“ ist ein treffliches Beispiel für die Brechtsche Sprachkraft. In jeder Szene wird deutlich, wie sich Brecht in den Jargon der Börsenleute, aber auch in den Sprachgebrauch der Schlachthofarbeiter hineingedacht hat. Ohne daß die Sprache hier jemals gestelzt wirkte, wird doch sofort spürbar, wenn Mauler, der große Boß, spricht, er, der sogar Botschaften aus New York von noch höheren Geschäftsfreunden erhält. Da wird die Sprache getragen, fast hochdeutsch und ganz anders als in den Szenen, da Johanna durch die Schlachthöfe geht und mit den Arbeitern über deren Nöte spricht.

„Brechts Sprachschicht der Eigentlichkeit ist einfach, sie läßt Welt entstehen durch bloßes Nennen der Dinge, durch Aufzeigen ihres Zueinander, ihrer Gesetzlichkeiten, sie entgeht jeder Versuchung zu metaphorischer Überanstrengung, indem sie die Metapher durch den Vergleich ersetzt. Sie trachtet nach Deutlichkeit und Übersichtlichkeit des Gezeigten, Überpointierungen werden vermieden. Die Einfachheit der Darstellung bildet die sprachliche Basis der Dramen. Hier gestaltet sich das Pragmatische, formal in Prosa, abgesehen von den wenigen Versdramen Brechts. Doch diese Prosa geht in bestimmten Situationen in freie Verse über und verursacht dabei eine deutliche Änderung der Sprechhaltung: die direkte Wendung zum Publikum, gleichsam vom Profil zum en face, das reflektorische und emotionale Verlassen des rein pragmatischen Flusses. Die Versstellen im Stück erscheinen stets an Höhepunkten, in den epischen Entscheidungsmonologen oder dann, wenn eine Person ihr Tun und die Gesamtereignisse resümiert und das Ergebnis sich und dem Publikum mitteilt... Sprachliche Figuren aus dem biblischen Umkreis fallen auf. Wahrscheinlich ist der Psalter das große Vorbild für Brechts reichen Gebrauch an Parallelismen. Der hebräische Typ dieser Figur stiftet eine Übereinstimmung zweier oder mehrerer Sätze oder Verse durch gleiche Reihenfolge ihrer Glieder. Der folgende Teil wiederholt meist und vertieft den Inhalt des ersten durch Variationen. Diese Sprachwendung liebt es, den Gegenstand zu umkreisen, ihn von allen Seiten zu betrachten und zum Ausgangspunkt zurückzukehren." (Klotz, Bertolt Brecht, S. 94)

Klotz verweist in der zitierten Untersuchung noch auf eine andere sprachliche Eigenart, die in der „Johanna" immer wieder sichtbar wird: er nennt es die ‚Paronomasie' und meint damit die Kopplung gleichklingender Worte mit zumeist gemeinsamer Wurzel. Es tritt auf in Wendungen wie „entmenschte Menschen" oder „der Armen Armut", die Johanna zu sehen bekommt.

In dem Stück „Die heilige Johanna der Schlachthöfe" verwendet Brecht ein weiteres gestalterisches Prinzip, das zwar nicht für alle, aber doch für einige Stücke charakteristisch ist. Es wird aber in der „Johanna" in einem sonst bei Brecht nicht mehr zu findendem Ausmaß gebraucht: es ist dies die Parodie. Man darf davon ausgehen, daß Brecht mit dem Mittel der Parodie zunächst einmal entlarven und karikieren will. Themen, besser: Probleme, die in der klassischen deutschen Literatur behandelt wurden und die Brecht wieder aufgreift – von einem völlig anderen Blickwinkel aus natürlich – werden von ihm besonders gern parodiert.

In diesem Stück überträgt Brecht das Thema der Jungfrau von Orleans in das Milieu der Chicagoer Fleischfabriken – ein Verfahren, das an sich bereits Parodie beziehungsweise Karikatur genug wäre. Klotz führt aus: „Entlarvt wird dabei das kapitalistische System, seine Gesetzmäßigkeiten, der zwingende Zusammenhang seiner Einzelphänomene. Die Unternehmer und Manager sprechen vornehmlich in Versen, in einem gespreizten hohen Stil. Ihr Hauptvertreter, der Konservenmillionär Mauler, wiederholt in seiner Sprachgebärde die Haltung des klassischen Helden zu seinem Vertrauten wie in einem Zerrspiegel." (Klotz, Bertolt Brecht, S. 96) Dabei wird die Brechtsche Parodie auf Schillers „Jungfrau von Orleans" gleich zu Beginn des Stückes deutlich. Bei Schiller beginnt das Drama:

„Ja, liebe Nachbarn! Heute sind wir noch
Franzosen, freie Bürger noch und Herren . . .“

Brecht beginnt seine „Johanna“ mit dem Dialog Mauler-Cridle:

„Erinnere, Cridle, dich, wie wir vor Tagen –
Wir gingen durch den Schlachthof, Abend war’s –
An unserer neuen Packmaschine standen . . .“

Brechts Versuch, die Welt der Schlachthöfe und der Börsenjobber in klassische Jamben zu setzen, wurde von manchem Kritiker als eine Art Gotteslästerung empfunden. Aber Brecht begnügt sich keineswegs nur mit dem Anfang. Auch im weiteren Verlauf des Stückes kommen immer wieder mehr oder minder deutliche Anspielungen und Annäherungen zum Schillerschen Drama zutage. So etwa an der Stelle, als Johanna dem Mauler begegnet:

Johanna: „Sie sind der Mauler!
Mauler: Nicht ich bin’s. (Zeigt auf Slift) Der ist’s.
Johanna deutet auf Mauler: Sie sind der Mauler.
Mauler: Nein, der ist’s.
Johanna: Sie sind’s.
Mauler: Wie kennst du mich?
Johanna: Weil du das blutigste Gesicht hast.“

Die von Brecht parodierte Stelle bei Schiller heißt:

Charles: Du hast noch niemals meine Züge gesehen,
„Woher kommt denn dein Wissen – wer ich sei?
Johanna: Ich sah dich, wo niemand als Gott dich sah.“

Es gibt noch andere derartige Parodien, so zu der Passage in Schillers Drama, in der Du Chatel in der Absicht, zwischen dem Herzog von Burgund und dem Dauphin zu vermitteln, sein Leben als Opfer anbietet und dies mit den Worten tut:

„Hier ist mein Haupt. Oft hab ich es gewagt
Für dich im Kampf. Und nun leg’ ich es mit Freude
Hier auf des Henkers Block.“

Bei Brecht kommt es zu einem Dialog zwischen Mauler und Slift:

> Mauler: So, Slift, so hast du mir den Kampf geführt
> Den ich dir anvertraut?
> Slift: Reiß mir den Kopf herunter.
> Mauler: Was nützt dein Kopf:
> Den Hut her, der ist fünf Cent wert."

Brechts parodistische Orgie feiert am Schluß des Stückes wahre sprachliche Höhepunkte. Anklänge an den Schluß von Goethes Faust II sind ebenso unverkennbar wie etwa die Parodie auf Schillers Glocke. Dort heißt es:

> „Soll das Werk des Meisters loben:
> Doch der Segen kommt von oben – ".

Bei Brecht lauten die „verfremdeten" Zeilen:

> Soll der Bau sich hoch erheben
> Muß es Unten und Oben geben . . ."

Anklänge an Hölderlins Schicksalslied sind ebenfalls vorhanden, wenn es in der „Johanna" heißt:

> „Den Preisen nämlich
> War es gegeben, von Notierung zu Notierung zu fallen
> Wie Wasser von Klippe zu Klippe geworfen
> Tief ins Unendliche hinab."

War es in Brechts „Baal" noch um die Parodie der expressionistischen Sprache gegangen, so nimmt er in der „Johanna" recht eindeutig die klassische Sprache und insbesondere die Schillerschen Jamben aufs Korn. Hans Mayer wies in einer hervorragenden Untersuchung nach, warum Brecht sich eben diese „Vorbilder" für die „Johanna" wählte: „Einen Höhepunkt solcher Verwendung klassischer Worte und Situationen zum Zweck des parodistischen Kontrasts bietet – neben dem Arturo Ui, der die Gartenszene aus dem Faust und berühmte Szenen aus Richard III. zitierend ummontiert – das Schauspiel Die heilige Johanna der Schlachthöfe. Es ist bekanntlich nicht bloß durch Zitate, sondern schon durch die Titelgestalt als ‚Zurücknahme' von Schillers romantischer Tragödie angelegt. Die Klassikersprache wird ausdrücklich als Ausbeutersprache benutzt. Mauler spricht im Schillerschen Tonfall, Johanna in den Versformen Brechts.“ (Mayer, Brecht und die Tradition, S. 54)

Zusammenfassend kann gesagt werden, daß Brechts Sprache in der „Johanna“ sehr viel lebendiger, einfallsreicher und in der Parodie durchaus auch witziger ist als etwa in der Schuloper „Der Jasager“ – „Der Neinsager“. Dies gilt im übrigen auch für die anderen rein doktrinären, orthodoxen Lehrstücke, denen vielleicht auch gerade wegen ihrer allzu spröden und bisweilen recht dürftigen Sprache eine größere Resonanz versagt blieb.

Auch von diesem sprachlichen Aspekt her ist die „Johanna“ ein Stück des Übergangs in Brechts dramatischen Schaffen. Es ist jene Zeit, in der Brecht zu sich selbst und zum Stil seiner großen Stücke der späteren Zeit fand. Die sprachliche Kraft etwa des Galilei ist hier bereits zu ahnen, der „Baal“ ist noch nicht ganz vergessen: was zwischen beiden liegt – die Lehrstücke eben –, gehört gewiß nicht zu den Höhepunkten des Brechtschen Schaffens, ohne daß es andererseits für das Verständnis des Ganzen verzichtbar wäre.

Der Jasager und Der Neinsager

Im Gegensatz zur „Heiligen Johanna der Schlachthöfe" gehören „Der Jasager und Der Neinsager" zu den orthodoxen, den „klassischen" Lehrstücken Brechts.

In der Entstehungsgeschichte folgte „Der Jasager" unmittelbar nach dem „Badener Lehrstück vom Einverständnis"; er wurde anläßlich der Neuen Musik Berlin im Jahr 1930 uraufgeführt. Der „Jasager" entstand aus einer Bearbeitung des japanischen Stückes „Taniko", eines der sogenannten No-Spiele, das von dem englischen Sinologen Arthur Waley ins Englische übersetzt und später von Brechts Mitarbeiterin Elisabeth Hauptmann wiederum ins Deutsche übertragen wurde.

In diesem Zusammenhang muß auf Brechts prinzipielle Sympathie für die japanischen No-Spiele verwiesen werden. Es präsentierte nämlich, wie Frederic Ewen erläutert, „das formelle und traditionelle japanische Schauspiel auf einer leeren Bühne; der Schauspieler bewegte sich in einer stilisierten Art und Weise, sein Gesicht trug eine Maske oder war ausdruckslos. Requisiten wurden nur sparsam verwendet und wenn, dann mit direkter Bedeutung; die Musiker, gering an Zahl, und der Chor waren sichtbar und saßen auf der Bühne. ... In seiner einfachsten Form bestand das No-Schauspiel aus einem Tanz, dem ein Dialog vorausging, der die Bedeutung des Tanzes erklärte oder die Umstände erläuterte, die dazu führten, daß er getanzt wurde. Der Schauspieler im No-Spiel sprach manchmal das Publikum direkt an, wurde vom Chor unterbrochen, und die ganze Handlung des Schauspiels wurde wie ein Ritual ausgeführt, mit einem klaren didaktischen Zweck. Es ist leicht einzusehen, daß ein solches Drama Brecht sehr zusagen konnte. Man könnte beinahe sagen, daß Brechts eigene Lehrstücke No-Spiele sind, aus ihrer Umwelt des 14. Jahrhunderts in die Gegenwart verpflanzt, die die buddhistische Lehre durch marxistische Dialektik ersetzen." (Ewen, Brecht, S. 218)

Als Brecht das No-Spiel „Taniko" aufgriff, befand er sich in einem Stadium des geistigen Experimentierens. Das Problem des Einverständnisses, der Individualität und der Preisgabe des eigenen Ich für eine Sache beschäftigen den

beginnenden marxistischen Theoretiker Brecht in mehreren Stücken.
Diese Problematik griff Brecht auch mit dieser japanischen Vorlage wieder auf. Die Urfassung aus der Zeit zwischen 1363 und 1444 – in dieser Zeit lebte der Autor Seami Motokiyo – enthielt jene epischen Elemente, die dem japanischen und dem chinesischen Theater eigen waren und die Brecht in besonderer Weise ansprachen. Auch bei Brecht spielt das Gestische im Theater eine hervorragende Rolle. Auf der No-Bühne wurden Gesten, Bewegungen und Gebärden bis zum Manirierten hin verfeinert und weiterstilisiert; die Verwendung von Masken, Schminke, Musik und Chören, sowie die gesamte Ausstattung sind soweit stilisiert, daß jeglicher äußerlicher Illusionismus vermieden wird. Dasselbe will Brecht mit seinem epischen Theater, mit dem Verfremdungseffekt und mit dem Bemühen, den Zuschauer von allen kulinarischen Gefühlen im Theater zu entwöhnen. Und schließlich verwies Ernst Schumacher zu Recht darauf, daß das japanische wie das chinesische Theater im Dienste der Moral stehe; in jedem Fall sei eine Lehre gewollt – freilich eine andere, als sie später Brecht anstrebte, aber von der Zielsetzung her auch eine Lehre, die auf das Bewußtsein und die Verhaltensweisen der Zuschauer abzielte.
Der Inhalt des „Jasagers" ist kurz geschildert: In einer kleinen Stadt ist eine Epidemie ausgebrochen. Ein Lehrer will mit einer Gruppe von Studenten einen Marsch über das Gebirge unternehmen, der allerdings, wie alle wissen, gefährlich sein kann. Auf der anderen Seite des Gebirges liegt eine Stadt, in der es wiederum Medikamente zu beschaffen gibt. Außerdem leben in jener Stadt Ärzte, von denen sich die Expedition Rat und Hilfe gegen die Krankheit im eigenen Ort verspricht. An dem Marsch will auch ein Schüler teilnehmen, dessen Mutter schwer erkrankt ist. Obwohl der Lehrer und die Mutter auf die Gefährlichkeit des Unternehmens nachdrücklich hinweisen, läßt sich der Schüler nicht von seinem Vorhaben abbringen. Und es kommt dann, wie es kommen mußte. Unterwegs, tief in dem Gebirge, erkrankt der Schüler, wird immer schwächer und wird so zu einer Belastung für die anderen. Er kann den Weg nicht fortsetzen. Nach dem Brauch der Samurai muß der Schwache zurückbleiben, während die anderen

weitermarschieren. Der Schüler zeigt sich „einverstanden“ mit diesem unabänderlichen Brauch, er erkennt ihn als gerecht an, bittet jedoch die Weiterziehenden, ihn in einen Abgrund zu werfen, damit er nicht in der Einsamkeit der Berge verhungere.
Das Stück, das wegen seiner Vertonung durch Kurt Weill später von Brecht als „Schuloper“ bezeichnet wurde, beginnt mit einem Chor:

> „Wichtig zu lernen ist Einverständnis.
> Viele sagen ja, und doch ist da kein Einverständnis.
> Viele werden nicht gefragt, und viele
> Sind einverstanden mit Falschem. Darum:
> Wichtig zu lernen vor allem ist Einverständnis.“

Damit ist das große Thema des Stückes bereits mit den ersten Worten umrissen. Aber auch im weiteren Verlauf der Handlung kommt nichts überraschend. Im Gegenteil: der Lehrer bereitet den geschwächten Schüler auf sein Schicksal unmißverständlich vor:

> „Hör gut zu! Da du krank bist und nicht weiter kannst, müssen wir dich hier zurücklassen. Aber es ist richtig, daß man den, welcher krank wurde, befragt, ob man umkehren soll seinetwegen. Und der Brauch schreibt auch vor, daß der, welcher krank wurde, antwortet: Ihr sollt nicht umkehren.“

Im nun folgenden Dialog bekundet der Schüler seinen Willen, daß die Gruppe seinetwegen nicht umkehren solle. Ausdrücklich erklärt er sein Einverständnis, daß er zurückgelassen wird. Nachdem die anderen den Kranken ins Tal geworfen haben, spricht wieder der große Chor:

> „Dann nahmen die Freunde den Krug
> Und beklagten die traurigen Wege der Welt
> Und ihr bitteres Gesetz
> Und warfen den Knaben hinab.
> Fuß an Fuß standen sie zusammengedrängt
> An dem Rande des Abgrunds
> Und warfen ihn hinab mit geschlossenen Augen,
> Keiner schuldiger als sein Nachbar,

Und warfen Erdklumpen
Und flache Steine
Hinterher."

Das Stück, insbesondere aber sein Schluß, riefen heftige Diskussionen hervor. Aus marxistischer Sicht kritisierte Jahre später Ilja Fradkin: „Das Pathos der Unterordnung der Persönlichkeit unter das Kollektiv scheint, zumindest in der Form, in der es in diesem Stück gepredigt wird, recht fragwürdig, Samuraimoral und -disziplin können kaum als Muster kommunistischer Ethik und kommunistischen Humanismus dienen." (Fradkin, Bertolt Brecht, S. 123 f.)
Aber auch die Zeitgenossen reagierten teilweise sehr heftig. In der „Weltbühne" erschien die Kritik von Frank Warschauer, in der es unter anderem hieß: „In dieser Tendenzfabel wird als zentrale Lebensweisheit gelehrt: Handle nicht vernünftig und menschlich; sondern tu vor allem eins, mein Kind, gehorche! Gehorche der Konvention, ohne sie überhaupt zu prüfen, mag sie auch noch so irrsinnig sein! Wenn sie es bestimmt, dann fordere nicht Hilfe, sondern laß Dich schleunigst in den Abgrund werfen. Denke nicht, das sei eine ethisch verbrämte Gemeinheit! Man sieht: diese Jasager erinnern frappant an die Jasager während des Krieges. Von dem Gesichtspunkt solcher Ethik wird vielleicht auch jener Zappi von der Nobile-expedition noch nachträglich gerechtfertigt, der seinen zusammenbrechenden Kameraden nicht nur im Stich ließ, sondern ihn wahrscheinlich auch auffraß. Ich weiß freilich nicht, ob der junge Berliner Musikkritiker, der von einem ‚Symbol neuer Disziplin' sprach, sich die Konsequenzen dieser Lehre klar machte. Den Kadavergehorsam hat man schon früher verherrlicht; neu ist höchstens hierbei die offene Apotheose der Treulosigkeit, der menschlichen Gemeinheit." (Brecht, Jasager/Neinsager, S. 72 f.)
Brecht diskutierte über den „Jasager" auch mit den Schülern der Karl-Marx-Schule in Berlin-Neukölln. Da er dieses Lehrstück als besonders geeignet für den Gebrauch und für Aufführungen in der Schule betrachtete, waren ihm die entsprechenden Diskussionsbeiträge besonders wichtig. Dabei kamen jedoch erstaunliche Äußerungen zutage. Es wurden Fragen gestellt, die so einfach, geradlinig und zugleich scharfsinnig waren und die ganz anders waren,

als es Brecht mit dem Gedanken vom großen Einverständnis vermutet hatte. Warum, so wurde gefragt, ist der Schüler nicht von seinen Begleitern festgeseilt und dann doch mitgenommen worden? War die Entscheidung überhaupt so und nicht anders notwendig? Hätte es zu dieser Entscheidung nicht einige Alternativen gegeben? Warum kehrte nicht die gesamte Expedition um? Und schließlich: waren die Vorteile, die man sich von diesem Unternehmen versprach, wirklich so groß, daß sie dieses Opfer rechtfertigten?

Walter Dirks schrieb zwar in seiner Kritik zum „Jasager", der Knabe denke und handele angesichts der Situation, in die er sich gestellt sehe, so, als ob hinter den realen Elementen dieser Situation die unbedingte sittliche Verpflichtung und der Ruf Gottes stünden, dem es zu lauschen und in Freiheit zu gehorchen gelte. Und der katholische Kritiker Karl Thieme – der zuvor Brechts „Hauspostille" verdammt hatte – schrieb sogar: „Schlichter, gradliniger, unzweideutiger haben wir christliche Grundwahrheit seit Jahrhunderten nicht mehr singen hören, als in diesem von den ersten Takten an fesselnden, ja erschütternden Stück." (zit. nach Schumacher, S. 337)

Brecht reagierte jedoch vor allem auf die Kritik, die von den Berliner Schülern insbesondere gegen die Ethik des Stückes vorgebracht worden war. Insbesondere hielten die Schüler das Stück für verbesserungsbedürftig, weil es nicht von einer aktuellen, besonderen Situation, sondern von einer allgemeinen ausgegangen war. Brecht schrieb daraufhin eine Neufassung, die er „Der Neinsager" nannte.

Eine andere Version der Entstehungsgeschichte des „Neinsagers" gibt dagegen Peter Szondi. Er verweist darauf, daß die Diskussionen mit den Berliner Schülern über eine dem Japanischen nahe Fassung des Stücks (Der Jasager) geführt wurde und daß die **beiden** in den ‚Versuchen' abgedruckten Versionen, also „Der Jasager" und „Der Neinsager" unter Berücksichtigung der Protokolle von diesen Diskussionen entstanden seien. Dies wäre in der Tat eine völlig andere Entstehungsgeschichte. Für diese Version spricht auch, daß Brecht später beide Stücke immer zusammen gespielt sehen und nicht das eine durch das andere ersetzt wissen wollte. Szondi führt weiter aus: „Da die Diskussionen nach einer Aufführung stattfanden, muß

es sich bei der in der Vorbemerkung erwähnten Fassung um den von Kurt Weill komponierten Text handeln. Dieser ist nicht nur im Klavierauszug überliefert, er wurde wenige Monate vor der Uraufführung auch in der Zeitschrift ‚Die Musikpflege' abgedruckt und erschien zudem als Sonderdruck aus dem (damals noch unveröffentlichten) vierten Heft der ‚Versuche'." (Brecht, Jasager/Neinsager, S. 103 f.)
Falsch scheint zumindest die Darstellung zu sein, Brecht habe aufgrund der Kritik den Jasager in einen Neinsager verwandelt – sozusagen aus Angst vor den Reaktionen in einer Art opportunistischem Rückzug.
„Der Neinsager" jedenfalls stimmt in seinem ersten Teil weitgehend mit dem „Jasager" überein. Anders ist allerdings schon die Motivation des Unternehmens: die Expedition geschieht im „Neinsager" aus forscherischen Gründen und nicht wegen einer Epidemie. Der Schüler begleitet die Gruppe im „Neinsager" wegen der Krankheit seiner Mutter. Die Reise verläuft zunächst genau so wie im ersten Fall. Auch hier kann der Schüler an einem entscheidenden Punkt nicht mehr folgen und er wird an den „großen Brauch" erinnert, daß diejenigen, die nicht weiterkönnen, in das Tal hinabgeschleudert würden. Auch in diesem Fall befragt der Lehrer den Schüler, und während drei Studenten den Knaben in jedem Fall töten wollen, wie immer er sich auch entscheidet, antwortet der Schüler dem Lehrer, daß er nicht einverstanden sei. Die Studenten weisen darauf hin, daß – nach dem Brauch – wer A sage, auch B sagen müsse. Darauf antwortet der Knabe:

> „Die Antwort, die ich gegeben habe, war falsch, aber eure Frage war falscher. Wer A sagt, muß nicht B sagen. Er kann auch erkennen, daß A falsch war. Ich wollte meiner Mutter Medizin holen, aber jetzt bin ich selber krank geworden, es ist also nicht mehr möglich. Und ich will sofort umkehren, der neuen Lage entsprechend. Auch euch bitte ich umzukehren und mich heimzubringen. Euer Lernen kann durchaus warten. Wenn es drüben etwas zu lernen gibt, was ich hoffe, so könnte es nur das sein, daß man in unserer Lage umkehren muß. Und was den alten großen Brauch betrifft, so sehe ich keine Vernunft an ihm. Ich brauche vielmehr einen neuen, großen Brauch, den wir sofort

ausführen müssen, nämlich den Brauch, in jeder Lage neu nachzudenken."

Diese Argumentation ist nun von der des „Jasagers" völlig verschieden. Man könnte sie sogar als Appell an ein pragmatisches Verhalten, je nach Lage der Dinge und entsprechend den äußeren Gegebenheiten interpretieren. Anders als im „Jasager" wird hier dem Individuum und seiner Urteilsfähigkeit offenbar Raum gelassen. Die persönliche Entscheidung ist möglich, der einzelne muß sich nicht unbedingt einer Sache unterordnen, zumindest dann nicht, wenn er sie für nicht sinnvoll befunden hat.

Die drei Studenten, die den Knaben kurz zuvor noch töten wollten, gestehen ein, daß sein Argument nicht unvernünftig sei. Auch sehen sie keine Schande darin, daß der Knabe in seinem eigenen Interesse und zu seinen Gunsten gesprochen habe. Daraufhin beschließen sie:

„Dann wollen wir umkehren, und kein Gelächter
Und keine Schmähung
Sollen uns abhalten, das Vernünftige zu tun, und kein alter
Brauch uns
Hindern, einen richtigen Gedanken anzunehmen.
Lehne deinen Kopf an unsern Arm,
Strenge dich nicht an,
Wir tragen dich vorsichtig."

Und der große Chor kommentiert das Geschehen:

„So nahmen die Freunde den Freund
Und begründeten einen neuen Brauch
Und ein neues Gesetz
Und brachten den Knaben zurück.
Seit an Seit gingen sie zusammengedrängt
Entgegen der Schmähung,
Entgegen dem Gelächter, mit geschlossenen Augen,
Keiner feiger als sein Nachbar."

Der Unterschied ist deutlich: „Keiner schuldiger als sein Nachbar" hieß es im „Jasager" – und „Keiner feiger als sein Nachbar" heißt es in der letzten Zeile des „Neinsagers". Diese Version ist indessen von der marxistischen Position weniger gutgeheißen worden: „Die Fassung war humanistisch und ermöglichte bestimmten bürgerlichen Kräften nicht mehr, den Gehalt des Stückes für ihre Pseudo-Gemeinschaftlichkeit auszunützen. Aber sie war gleichzeitig ein Ausweichen vor dem eigentlichen, in der ersten Fassung aufgeworfenen Problem. Die Reise des zweiten Stückes wird ja unternommen aus Forschungsgründen. Man kann, man muß natürlich ein solches Unternehmen abbrechen, um einen Menschen zu retten, wenn dies möglich ist. Aber wie ist das Problem zu lösen, wenn es so gestellt ist wie im ‚Jasager'? In diesem wird ja die Reise unternommen, weil eine allgemeine Seuche herrscht, gegen die der Lehrer zu den Ärzten jenseits der Berge gehen will; der Knabe schließt sich nur an, um seiner ebenfalls erkrankten Mutter Medizin zu besorgen. Wie also hier eine Lösung gegenüber dem alten Brauch finden, der vorsieht, daß zugunsten der Allgemeinheit der einzelne zurückstehen, ja geopfert werden muß? Es ist offensichtlich, daß die zweite Fassung keine wirkliche Lösung des Problems darstellte. Sie bot zwar humanistische, dialektische Prinzipien, aber sie war um den Kern des dramatischen ärmer, der in der ersten Oper lag. Wieder war es die Allgemeinheit der Fabel, die gedankliche Konstruktion eines Schemas, die sich nachteilig auswirkte. Von der realen Situation ausgehend, ist es absolut unwahrscheinlich, daß vernünftige Menschen einen schwachen Knaben auf eine solch beschwerliche Tour mitnehmen." (Schumacher, S. 340)

Weniger unwahrscheinlich war es für Schumacher offenbar, daß solch ein schwacher Knabe ins Tal geworfen werden könnte. Im Interesse der Allgemeinheit soll also jedes Opfer, auch das eines Menschen, möglich sein? Diese „Ethik" ist letztenendes nicht viel anders – besser ohnehin nicht – als die der Nationalsozialisten, die dann in den Parolen „Du bist nichts – dein Volk ist alles" gipfelte. So gesehen ist es gleichgültig, von welcher extremen Seite des politischen Spektrums die Ethik geliefert wird; mit Humanismus freilich hat sie nur wenig zu tun.

Szondi bemerkte zu den beiden vorliegenden Fassungen: „Der Unterschied zwischen den beiden Stücken, wie Brecht sie nach der Verwerfung der ersten ‚Jasager'-Fassung schrieb, geht nicht bloß auf eine Verschiedenheit der Schlüsse, also der Entscheidung des Knaben, zurück,

sondern auch auf die Differenz im Ausgangspunkt, der diese Entscheidung bedingt. Brecht konnte in einer Vorbemerkung zum vierten Heft der ‚Versuche' nur darum vorschreiben, daß die zwei kleinen Stücke ... womöglich nicht eins ohne das andere aufgeführt werden sollten, weil sie einander nicht, wie man aus den Überschriften folgern könnte, ausschließen, sondern in Wahrheit ergänzen. Wenn der Knabe das eine Mal ja und das andere Mal nein sagt, so nicht, weil er in dem einen Stück ein Jasager, in dem anderen ein Neinsager ist. Sondern es sind die Verhältnisse, die Seuche in der endgültigen Fassung des ‚Jasagers', die ihn bestimmen, seinen Tod zu bejahen, während er, sobald die Reise nur dem Lernen dient und sein Tod von einem ‚großen Brauch' diktiert erscheint, sich dagegen auflehnt und nein sagt. In der selben Situation freilich hatte er in der ersten Fassung ja gesagt. Wegen der Ablehnung, auf die dieses Einverständnis bei den Schülern der Karl-Marx-Schule, und nicht nur bei ihnen, stieß, ließ Brecht den Knaben nein sagen und einen neuen Brauch einführen. Zugleich muß er sich aber gefragt haben, welche Umstände das Einverständnis des Knaben dennoch rechtfertigen könnten: so entstand die zweite Fassung des, Jasagers'." (Brecht, Jasager/Neinsager, S. 104 f.)
Die Lösung, die Brecht im „Neinsager" fand, haben ihm die Orthodoxen wiederum übel genommen. Fradkin beispielsweise meint, hier sei erstmals in Brechts Werk ein Gedanke formuliert worden, der sich später als sehr langlebig erweisen sollte: nämlich das Vernünftige zu tun, auch wenn es nicht sehr heldenhaft sei.

Es ist die Frage, ob man Brechts Ausweg, einfach zwei Versionen desselben Themas zu gestalten, nun als widersprüchlich oder gar unlogisch bezeichnen sollte. Beide Möglichkeiten können logisch sein, auch die im ‚Jasager' aufgezeigte, wenn man sich auf die Grundlage einer ganz bestimmten, menschenverachtenden Ethik stellt. Und selbst da könnte man argumentieren, das letztenendes im Interesse der Rettung vieler das Leben eines einzelnen geopfert werden könnte. Aktuelle Beispiele für diese gar nicht so theoretische Problematik gibt es, lange nachdem Brecht seine beiden Schulopern geschrieben hatte: so wurde in der deutschen Öffentlichkeit die Frage heftig und sehr kontrovers diskutiert, ob beispielsweise nach der Ent führung eines hohen Politikers den Forderungen der Kidnapper nachgegeben werden sollte, oder ob im Interesse des Staates – der vielen also, um beim Beispiel Brechts zu bleiben – und seiner Integrität das Leben eines einzelnen geopfert werden könnte. Die Verantwortlichen entschieden sich einmal für das individuelle Leben, ein anderes Mal für die Staatsraison: Beide Entscheidungen konnten richtig und falsch sein.

Brechts „Jasager“ und „Neinsager“ erhalten ihre Aktualität vor allem dann, wenn man sie an konkreten Beispielen mißt. Es gibt nicht viele solcher Beispiele, aber die eben erwähnten sind dafür umso einleuchtender.

Warum wollte Brecht beide Stücke möglichst hintereinander aufgeführt sehen? Zweifellos ging es ihm um die Frage, wie das Publikum auf die beiden Lösungsangebote reagieren würde. Denn im „Neinsager“ war nicht nur der Schluß verändert. Das gesamte Problem war in der Tat anders gestellt. Die ursprüngliche Expedition war im Dienste der Gemeinschaft und sogar zu deren Rettung gestartet worden; die zweite war keineswegs dringend, sie war aus reinem Wissensdrang geboren. Dadurch hatte Brecht, wie Ewen zu Recht feststellte, den moralischen Wert der Lösung vermindert.

„Der Philosoph Ernst Bloch erinnert in einem Kommentar über diese dialektische zweifache Antwort auf eine Frage an andere Beispiele für doppelte und antithetische Schlüsse, wie etwa in Goethes ‚Stella‘, in der die eine Fassung mit einer Versöhnung, die andere tragisch endet, und auch an die Parallelfälle von Goethes ‚Tasso‘ und ‚Ur-Tasso‘. Jedoch müssen wir uns mit Brechts Lösung zufriedengeben, die, wie John Willett sagt, humanistisch glücklich ist, wenn auch nicht gerade heroisch.“ (Ewen, Brecht, S. 228 f.)

„Der Jasager“ und „Der Neinsager“ sind Beispiele für Brechts Versuch, die ihm in diesen Jahren besonders naheliegenden Probleme in eine künstlerische Form zu bringen. Daß er gleichzeitig lehrhafte Absichten mit seinen Stücken verfolgte, ist wiederholt nachgewiesen worden. Die Zeit der Lehrstücke umfaßt jene Epoche, die Brechts Übergang vom unreflektierten Nihilismus zum Marxismus umspannt. Sie hat einen entscheidenden Stellenwert in Brechts Gesamtwerk, weil hier der experimentelle Charakter seiner Theaterarbeit ansetzte und zur Form des epischen Theaters der typischen Brecht-Stücke überleitete. Aber auch von der ideologischen Seite her sind diese beiden Stücke von besonderer Bedeutung in Brechts Entwicklungsgeschichte. Vor allem die erste Fassung des „Jasagers“ bedeutete für Brecht eine praktische Hinwendung an die kommunistische Bewegung.

Die Bedeutung der beiden Stücke „Der Jasager“ und „Der Neinsager“ liegt weniger in ihrer dichterischen, künstlerischen Gestaltung. Auch sprachlich hat dieses „Doppelwerk“ sicherlich nicht Brechts Ruhm für spätere Zeiten begründet. So manchem Brecht-Freund sind diese beiden Schulopern nicht einmal bekannt. Das liegt allein schon daran, daß es jeweils sehr kurze Stücke sind und daß selbst dann, wenn sie an einem Abend zusammen aufgeführt würden, kaum eine abendfüllende Veranstaltung dabei herauskäme.

Wichtig aber sind „Der Jasager“ und „Der Neinsager“ vor allem deswegen, weil sie sozusagen die reinste Form der Lehrstücke verkörpern. Hier werden, an einem konstruierten Fall demonstriert, zwei mögliche Verhaltensweisen in gleichartigen, aber keineswegs gleichen Situationen durchgespielt. Nach Brecht kann man so oder so reagieren; beides mit gutem Grund, beides hat seine Logik und beides läßt sich gewissermaßen rechtfertigen. Es gibt in diesen beiden Stücken keine „Helden“ – wie es solche in den wenigsten Brecht-Stücken gibt. Aber die hier gezeigten Personen sind die typischen Gestalten aller Lehrstücke: Figuren ohne Fleisch und Blut, ohne Leben und Seele. Es sind nahezu Marionetten, die an den Fäden der Ideologie hängen und von dem zwar unsichtbaren, aber allgegenwärtigen großen Meister – der Partei nämlich – gezogen werden.

Dies alles mag denjenigen nicht befriedigen, der den Künstler ohne Fehl und Tadel retten will. Brecht war aber in der Tat eine ganze Zeit lang eine Art Apparatschik, dem es zufällig glücklicherweise auch noch gegeben war, sich künstlerisch artikulieren zu können. „Die heilige Johanna der Schlachthöfe“ sowie „Der Jasager“ und „Der Neinsager“ sind Beispiele – und zwar in sich schon wieder qualitativ sehr verschiedenartiger Beispiele – für diese menschlich und politisch durchaus interessante Lebensepoche Brechts.

Chronik der Brechtschen Stücke

Die erste mit „Bert Brecht“ gezeichnete Arbeit erschien 1916, und zwar „Das Lied von der Eisenbahntruppe von Fort Donald“.
1919 wird „Baal“ vollendet; im selben Jahr stellt Brecht das Stück „Spartakus“ fertig, das später in „Trommeln in der Nacht“ umbenannt wird.
1922 entsteht „Im Dickicht der Städte“, dessen Arbeitstitel „Garga“ lautete.
1923 Umarbeitung des Stückes „Leben Eduard des Zweiten von England“ nach Marlowe.
1925 wird das Lustspiel „Mann ist Mann“ vollendet; ursprünglicher Titel: ‚Galgei'.
1926 Einakter „Die Hochzeit“.
1927 wird „Aufstieg und Fall der Stadt Mahagonny“ praktisch beendet.
1928 folgen die „Dreigroschenoper“ und das Lehrstück „Der Ozeanflug“.
1929 „Das Badener Lehrstück vom Einverständnis“.
1930 folgen gleich mehrere Stücke: „Die heilige Johanna der Schlachthöfe“, „Die Maßnahme“ und „Die Ausnahme und die Regel“. Außerdem „Der Jasager“ und „Der Neinsager“.
1931 kommt „Die Mutter“ nach dem Roman Maxim Gorkis.
1932 „Die Spitzköpfe und die Rundköpfe“, das aus der Bearbeitung von „Maß für Maß“ entstanden war.
1933 das Ballett „Die sieben Todsünden der Kleinbürger“.
1934, bereits in der Emigration, schreibt Brecht „Die Horiatier und die Kuriatier“.
1937 wird „Die Gewehre der Frau Carrar“ vollendet.
1938 schreibt Brecht die überaus aktuelle Szenenfolge „Furcht und Elend des Dritten Reiches“. Außerdem wird in diesem Jahr die Arbeit an „Leben des Galilei“ abgeschlossen.
Auch das Hörspiel „Das Verhör des Lukullus“ wird noch auf das Jahr 1938 datiert.
1939 folgt mit „Mutter Courage und ihre Kinder“ eines der bekanntesten Stücke Brechts.
1940 stellt Brecht „Der gute Mensch von Sezuan“ und „Herr Puntila und sein Knecht Matti“ fertig, beides umfangreiche und bis heute häufig gespielte Stücke.

1941, wiederum aus aktuellem Anlaß, „Der unaufhaltsame Aufstieg des Arturo Ui", eine Art Parodie auf Hitler und den Aufstieg des Nationalsozialismus in Deutschland.
1942 „Die Geschichte der Simone Machard", eine neue Version des ‚Johanna'-Stoffes.
1943/44 folgt „Schweyk im Zweiten Weltkrieg" und
1944 „Der Kaukasische Kreidekreis".
1947 vollendet Brecht seine Bearbeitung der „Antigone".
1949 „Die Tage der Commune".
1951 wagt sich Brecht zusammen mit Paul Dessau wieder an eine Oper; sie erhält den Titel „Die Verurteilung des Lukullus". Noch im selben Jahr schreibt Brecht die Bearbeitung des „Coriolan" und den „Hofmeister" nach Lenz.
1952 Bearbeitung des Hörspieles „Der Prozeß der Jeanne d'Arc zu Rouen" von Anna Seghers.
1953 „Turandot oder Der Kongreß der Weißwäscher", was nur als Fragment vorliegt.
Am 14. August 1956 starb Bertolt Brecht in Berlin im Alter von 58 Jahren.

Literaturhinweise

Das Ärgernis Brecht. Basel/Stuttgart 1961

Bornemann, Ernest: Ein Epitaph für Bertolt Brecht, in: Sinn und Form, Zweites Sonderheft Bertolt Brecht, Berlin o. J.

Benjamin, Walter: Versuche über Brecht, Frankfurt/Main 1971

Brecht, Bertolt: Gedichte III, Frankfurt/Main 1961

Brecht, Bertolt: Schriften zum Theater 1, 2, 4 und 6, Frankfurt/Main 1963 f.

Brecht, Bertolt: Stücke IV, Frankfurt/Main 1955

Brecht, Bertolt: Kleines Organon für das Theater, Frankfurt/Main 1953

Brecht, Bertolt: Die heilige Johanna der Schlachthöfe. Bühnenfassung, Fragmente, Varianten, Frankfurt/Main 1971

Brecht, Bertolt: Der Jasager und Der Neinsager. Vorlagen, Fassungen und Materialien, Frankfurt/Main 1966

Bertolt Brecht – damals und heute. Meinung und Gegenmeinung, München 1962

Esslin, Martin: Brecht. Das Paradox des politischen Dichters, München 1970

Ewen, Frederic: Bertolt Brecht. Sein Leben, sein Werk, seine Zeit, Frankfurt/Main 1973 (Suhrkamp TB)

Feuchtwanger, Lion Bertolt Brecht, in: Sinn und Form, Zweites Sonderheft Bertolt Brecht, Berlin o. J.

Fradkin, Ilja: Bertolt Brecht. Weg und Methode, Leipzig 1974

Hecht, Werner: Sieben Studien über Brecht, Frankfurt/Main 1972

Kesting, Marianne: Bertolt Brecht in Selbstzeugnissen und Bilddokumenten, Hamburg 1959

Kesting, Marianne: Das epische Theater, Stuttgart 1959

Klotz, Volker: Bertolt Brecht. Versuch über das Werk, Darmstadt 1957

Kluge, Manfred/Radler, Rudolf: Hauptwerke der deutschen Literatur, München 1974

Mayer, Hans: Anmerkungen zu Brecht, Frankfurt/Main 1965

Mayer, Hans: Bertolt Brecht und die Tradition, Pfullingen 1961

Rühle, Jürgen: Theater und Revolution, München 1963

Schuhmann, Klaus: Der Lyriker Bertolt Brecht 1913–1933, München 1971
Schumacher, Ernst: Die dramatischen Versuche Bertolt Brechts 1918–1933, Berlin 1955
Völker, Klaus: Brecht-Chronik. Daten zu Leben und Werk, München 1971
Werkwerth, Manfred: Notate über die Arbeit des Berliner Ensembles, Frankfurt/Main 1967